ビジュアル最新版

バレエ・ヒストリー

バレエ史入門
～バレエ誕生からバレエ・リュスまで～

芳賀直子 著

Ballet, Past and Present

目次

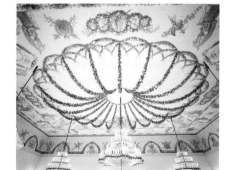

華麗なるバレエ・ヒストリー

　ルネサンス期イタリアの宮廷舞踊に端を発するバレエ。本書ではその成り立ちをフランス・ロシアでの技術の進化、舞台芸術の発展、そして世界各国へ広がる過程をエポックメイキングな8つの章に分けて辿っていきます。

　まず舞台はブルボン王朝ルイ14世の17世紀から。フランスではバレエ学校設立やメソッド確立により、プロのダンサーが活躍します。やがて19世紀に花開いたロマンティック・バレエが衰退すると、次のバレエの中心地は、帝政ロシアに変わります。そして20世紀初頭、舞台は再びパリへ……。人々が熱狂したバレエ・リュスという潮流は、新世界のバレエの母体にもなっていくのです。

1573年	『ポーランドのバレエ』上演。バレエという言葉が初めて使われる
1661年	バレエの名手であったルイ14世が、パリに王立舞踊アカデミーを創立。現代にまで至るバレエの基本の姿勢が定められる
	宮廷バレエの世界では男性舞踊手が活躍。
1670年	ルイ14世が公の舞台から引退。以後、宮廷でのバレエは衰退、職業舞踊家が登場。
1671年	王立舞踊アカデミー（現通称パリ・オペラ座）創設
1713年	パリ・オペラ座の組織内に舞踊学校が設立される
1738年	ロシアのサンクトペテルブルクに帝室バレエ学校が設立され、欧州から多数の教師やダンサーが招聘される。やがてバレエがロシアに浸透する礎となる。

19世紀前半 ◆ ロマンティック・バレエの時代

神秘性や異国情緒を志向するロマン主義がフランスでバレエとして開花。
過去への憧れもあり、伝説や民話を素材にしたバレエが盛んに上演された時代。
またトウ・シューズで立って踊る《ポアント》の技術も誕生した。

ロマン主義の影響を受けた『ジゼル』。

1831年	『悪魔のロベール』初演（パリ・オペラ座） オペラ作品で踊られたが、初めての《バレエ・ブラン》のシーン。
1832年	『ラ・シルフィード』初演（パリ・オペラ座） 幻想的な効果を生み出す長い丈の衣裳《ロマンティック・チュチュ》が初めて用いられる。
1841年	『ジゼル』初演（パリ・オペラ座）
1870年	『コッペリア』初演（パリ・オペラ座） ロマンティック・バレエ最後の作品とされる。

（上と下の図版＊）

バレエという舞台芸術は
フランスからやがてロシ
アが中心地となっていく。

19世紀後半

クラシック・バレエの時代

フランス人振付家プティパによるチャイコフスキー作曲の
3大バレエによってロシアのバレエが黄金期を迎える。
また回転や跳躍などの高度なテクニックが発達。
スカート丈の短い《クラシック・チュチュ》で踊られた。

1890年

『眠れる森の美女』初演(サンクトペテルブルク)

1892年

『くるみ割り人形』初演(サンクトペテルブルク)

1895年

『白鳥の湖』改訂版(サンクトペテルブルク)

初演はライジンガー振付で1877年初演(モスクワ)しているが、
95年のプティパ、イワノフによる改訂振付が決定版となる。

1908年

アンナ・パヴロワ初めての欧州ツアーに

その後、世界中を巡演。
バレエの伝道師として不動の人気を獲得する。

『瀕死の白鳥』を踊るパヴロワ。

20世紀初頭

バレエ・リュスの潮流

ロシアの大興行師ディアギレフ率いるバレエ団が、パリで公演(1909～1929年)。
ディアギレフは次々と新作を企画。ストラヴィンスキーの3大バレエ『火の鳥』『ペトルーシュカ』
『春の祭典』、ラヴェルの『ダフニスとクロエ』など、芸術としてのバレエを復権させた。
画期的な成功を収めたこの《バレエ・リュス(ロシアのバレエ)》は、現代バレエへの道を拓いた。

1912年

『牧神の午後』初演(パリ・シャトレ劇場)

バレエ・リュスの伝説的ダンサー、ニジンスキーがドビュッシーの音楽に自らの振付で踊り、
一大センセーションを巻き起こす。

1929年

ディアギレフの死によりバレエ・リュス解散

1931年

バレエ・リュス・ド・モンテカルロの結成発表

32年に初公演、ベイビー・バレリーナを打ち出し成功するが、主宰のルネ・ブルムとバジル大佐が
対立し、やがて2つのカンパニーに分かれて活動する(～1962年)。

1933年

バレエ・リュスに参加した後、振付家バランシンが渡米。翌1934年アメリカ・バレエ学校を開設。
米国バレエ界の発展に寄与する。

20世紀半ば ～現代

バレエの国際化と個性化

世界各国に優秀なバレエ団が設立され、多彩なバレエの個性を楽しむ時代に。
個性的な振付家によるアブストラクト・バレエやドラマティック・バレエが誕生する一方で、
途絶えていた古典作品の蘇演も盛んに行われる。

はじめに

　バレエ史と聞くとどうしても、「歴史は難しい。年代と名前を覚えるのが億劫で…」という感情を抱いてしまう方もいるでしょう。私も学生時代、とりたてて歴史が得意だったわけではありませんでした。

　ですが、現在は当然ではありますが、バレエとその歴史を知ることが何よりの楽しみです。過去を知ることは現在を知ることでもあるのです。

　これはバレエ史に限ったことではありませんが……。

　最初に出合ったのはバレエ・リュスでした。その芸術的な面白さや、複雑に絡み合った網の目のような人間関係、さらにそれによって育まれた豊かな世界を知れば知るほど、その前後の歴史の細部にまで尽きせぬ興味が湧き、終わることのない愉しみが生まれたのです。

　今観ているバレエが「生き残って」いるのは歴史上の「奇跡」と「軌跡」の結果です。それを知ることで、バレエはもっと楽しく、見方も深まっていくと私は思っております。

　また、バレエ史は例えばスカートを短く切ったマリー・カマルゴ、王権のもとで舞踊を発展させたルイ14世、ロマンティック・バレエ時代を代表するマリー・タリオーニ、彼女を育てたフィリッポ・タリオーニ、そしてロシアに渡りチャイコフスキー３大バレエを振り付けしたマリウス・プティパ、バレエ・リュスを率いたディアギレフ、バレエ・スエドワを率いただけでなく他に先がけて国際ダンス・アーカイヴを組織し、世界初の国際ダンス・振付コンクールを主宰したロルフ・ド・マレと、特異な才能を有した一人ひとりの人間がそれぞれの時代にバレエの歴史を大きく変えたというダイナミックな面白さもあります。

　革命や戦争、大恐慌など直接バレエとの関係で考えたことのなかった世界史が各国のバレエの流れに大きく作用していることにも気づきました。バレエは直接舞台に携わる芸術家たちだけでなく、照明や衣裳の素材の技術革新にも深く関わっているのです。バレエ史に興味を持つことで未知の世界への扉が大きく開かれました。

　本書をこうして改訂版として出すことができましたこと、手に取っていただいた方、また編集者の川崎阿久里様に感謝の気持でいっぱいです。引き続き、バレエ史だけでなく、そこから見える新たな世界もお伝えできたらと思っております。

芳賀直子

踊る男から始まったバレエ

〈王は踊る〉

The Beginnings : Ballet de Cour

カトリーヌ・ド・メディシスが
もたらした宮廷文化とバレエ

バレエは「イタリアで生まれ、フランスで花開き、ロシアで成熟した」とよくいわれます。

イタリアのルネサンス期に生まれ、主に社交術であったものがフランスに伝わったのは、カトリーヌ・ド・メディシスがフランスのアンリ2世のもとに嫁いだためでした。今ではフランスといえば多くの人が連想する、美味しいお菓子や料理とともに、バレエや洗練された礼儀作法もフランスに伝えられたのです。

カトリーヌが息子をポーランド王にする目的でポーランドからの使節をもてなすために上演された作品『ポーランドのバレエ』で初めて「バレエ」という言葉が使われたといわれています。

ただ、この時代のバレエは「宮廷バレエ」と現在では区別していわれるように、今日のバレエとは非常に違ったものでした。上演時間も3時間以上、作品によっては10時間近くあったといわれていますし、舞台も庭全体を使うといった壮大なものでした。必ずしも踊りだけが中心ではなく、噴水や大掛かりな装置なども見どころの一つで、観客はそうした仕掛けやダンサーたちのフォーメーションを楽しめるように、少し高いところから眺めることが多かったようです。また作品のテーマは主に神話でした。作品によっては歌が入ったり、パントマイムが入ったり、朗読が入ったり、その形式は一定ではありませんでした。ただ、最後にはほとんどの場合、見ている観客たちも加わって踊る大舞踏会的な構成だったようで、このことから、社交界の人たちにとってバレエを踊れることが必要になったのです。もっとも、これはバレエと聞いて私たちが想像するものとは大分違う姿をしており「バロックダンス」と呼ばれるようなものでした。

何より重要なのは、カトリーヌ・ド・メディシスによってフランスへもたらされたバレエが、貴族のたしなみとなった史実でしょう。そうした歴史が背景にあったからこそ、フランスのバレエは新たな一幕を迎えることになったのですから…。

『ポーランドのバレエ』の
フィナーレ

1573年カトリーヌ・ド・メディシスが催したこの作品によってバレエという言葉が初めて使われた。ポーランドからの使節をもてなすために作られたのでこの名がある。

王宮の宮殿で上演された
『ナクソスの島』の3幕

1700年代に行われた様子を描いたもの。宮廷バレエは、舞台も庭全体を使うといった壮大なもので、噴水や大掛かりな装置なども見どころ。（図版＊）

カトリーヌ・ド・メディシス

［1519〜1589年］

イタリア・フィレンツェの政治、文化、その両面に君臨したメディチ家出身。メディシスとはメディチのフランス語読み。1533年、のちにフランス国王アンリ2世となるオルレアン公アンリ・ド・ヴァロアと結婚。「銀行家」メディチ家出身のためフランス宮廷では反発を受けたが、イタリア・ルネサンスの学問、芸術など知的世界をフランスに持ち込んだ立役者。ことにフランス料理とその作法やフランス菓子の食文化はカトリーヌによって発展した。

太陽王ルイ14世の庇護のもと
バレエの基礎が築かれる

フランスでバレエが第一回目の黄金期を迎えたのはルイ14世の時代でした。ルイ14世は「踊る王」、あるいは踊った役名から「太陽王」とも呼ばれました。日本の教科書では長らく〝その領土にはいつも太陽が輝いていたから「太陽王」と呼ばれた〟と書かれていましたが（私もそう習いました）、実は『夜のバレエ』（1653年）という作品の中で〝太陽の役〟を踊ったためという、もっとわかりやすい理由だったのです。

また有名なルイ14世の肖像画を思い出してみると、どれも脚を見せています。それもルイ14世のバレエ好き、そしてダンサーとしての自信の表れまた画家がその人となりを表現するのに必要だったからだったのでしょう。

当時のバレエはカトリーヌの時代同様、大変大掛かりかつ上演時間が長いもので、夜を徹して行われるほど長いこともありました。現在の感覚からはバレエというよりもペイジェント（祝祭的イベント）、ショーに近いものでした。まだ振付家、音楽家の区分も曖昧で、一人の人間が作曲をし、指揮をし、そして振付をしていました。この時代、ピアノは生まれていなかったので、ヴァイオリン（現在のものとは違って、小さなミニットヴァイオリンと呼ばれる弦楽器）が踊りのレッスンにも演奏にも用いられていました。

また、上演された場所も劇場だけではありませんでした。すでにプロセニアムと呼ばれる額縁的な飾りのある現在のような形式の劇場も生まれてはいましたが（1620年頃）、必ずしもそうした劇場で上演されていたわけではありません。劇場的な場所であってもダンスフロアのような平坦な場所で座席は正面に設けられていたり、野外では大掛かりな装置を使ったりしました。

ルイ14世がバレエに熱中した理由はさまざまにいわれていますが、一つには幼くして王位に就いたため（5歳）、政治面を母や宰相たちに握られていたからだというのは本当でしょう。当時の貴族の例にならって幼い頃からバレエを習い、デビューは8歳の時、猿の役で登場しました。王が猿の役で登場したというのは現在の感覚からは意外に感じられますが、当時そうした役の貴賤ということはあまり考えられていなかったようです。

ルイ14世

［1638〜1715年］

ブルボン朝第3代フランス国王。ヴェルサイユ宮殿を造営するなどブルボン朝最盛期に君臨し、「太陽王」と呼ばれた。

『夜のバレエ』

1653年初演。宮廷バレエの最も有名な作品の一つ。上演には12時間かかり、日没に始まり、夜明けに終わった。神話の登場人物が多様な物語を繰り広げる。ちなみにこの作曲にも関わったジャン・バティスト・リュリは本作品でバレエの踊り手として宮廷デビューする。この舞台では「太陽」に扮した当時14歳のルイ14世と、「羊飼い」に扮したリュリが共演。『夜のバレエ』から1カ月後、リュリは国王の「器楽作曲家」に任命された。

ルイ14世は『夜のバレエ』で太陽の役を演じ、踊った。

宮廷バレエの舞台ともなったヴェルサイユ宮殿庭園。ルイ14世は庭園の中でも噴水の美を重要視しており、このため彼は「マルリーの機械」と呼ばれる大掛かりな揚水装置を建設させている。

ピエール・ボーシャン

［1631〜1705年］

フランスのダンサー、振付家、バレエ・マスター、作曲家。1648年宮廷バレエ『情熱の乱れ』で踊り手として初舞台を踏む。ルイ14世のバレエ教師として数々の宮廷バレエに出演。61年『王のバレエ』で第1監督官に任命され、宮廷バレエの責任者となる。振付家としてしばしば作曲家リュリ（P14）と共同制作した。

5つの足のポジション

ポジションとは「位置」のことで、手と足に複数のポジションがある。手のポジションは流派によって異なるが、足のポジションは17世紀にピエール・ボーシャンが定めた5つのポジションが、古典的バレエ・のパ（＊）の基本になっている（＊踊り、ステップのこと）。

トゥール・アン・レール

「空中での回転」を指す。宙に垂直に跳び上がったと同時に回転するパ。現在の男性のバレエ・ソロには必ずといっていいほどこうした回転テクニックが盛り込まれる。

舞踊記譜法
（ダンス・ノーテーション）

ダンス・ノーテーションとは、音楽を楽譜に写すように、振付を記号化し、シンボル的動作、回数、ステップの踏み方などの要素に分解し、それを紙面に記録することを指す。ダンスを踊ることが教養となった17世紀以降、ダンスは複雑化してゆき、こうした舞踊記譜法がさまざまな方法で発展することになる。

ラウル・フイエ

［1660頃〜1710年］

フランスの舞踊教師、振付家、著述家。舞踊の記譜に記号を初めて用いたフイエ式舞踊記譜法の考案者。最初に発表してから4年後、ボーシャンに剽窃で訴えられたものの、フイエは彼独自の方法で記譜法を進化させて、各国に影響を与えた。

　ルイ14世がバレエに大変熱を入れたことが、現在のバレエの最初の一歩を作ったといえるかもしれません。というのもルイ14世の命でバレエの大切な基礎が作られているからです。ルイ14世のバレエ教師でもある、ピエール・ボーシャンによって「5つの足のポジション」が体系化されました。ご存じのように、今でもこの「5つの足のポジション」は大変重要です。これを用いるかどうかがバレエと他のダンスを区別する目安にもなっていますし、一方では訓練法として他のダンスにも用いられる重要な基礎ともなっています。バレエは初期に体系化が行われたことで生き残り、発展した芸術ですので、この一歩がいかに重要だったかわかります。

　ピエール・ボーシャンは「5つの足のポジション」を体系化しただけではなく、初めてトゥール・アン・レールを見せた踊り手でもあったそうです。しかし、舞踊を書き記して記録する「舞踊記譜法」（ダンス・ノーテーション）を編み出したのはラウル・フイエという人物でした。ボーシャンも独自の方法で書き残してはいますが、体系化したのはフイエだったのです。

悲劇的なバレエ『ラ・プレサ・デイ・バビロニア』。ミラノ・スカラ座、1821年。（図版＊）

オーギュスト・ヴェストリス『後宮の反乱』。パリ・オペラ座、1833年。（図版＊）

この舞踊記譜法は現在でも欧米のバレエ学校では必修科目として教えられていますし、動画による記録ができるようになってからも使われ続けています。ダンサーの癖を排した、あるべき振付を記録するにはやはり必要だと考えられるからです。

20世紀になって、ニジンスキーの『牧神の午後』の振付も彼が学校で学んだ舞踊記譜法に独自の工夫を加えた形で残されていたために再現が可能でしたし、『眠れる森の美女』も同様に舞踊譜があり、それをロシア革命の際にセルゲイエフが持ち出したためにバレエ・リュスで上演することができたのです。舞踊譜の発明もバレエを伝えるという意味では大変重要なことでした。

このようにバレエを伝え、継続させるための体系化の多くが生み出されたのが、ルイ14世の時代だったのです。

さらに当時、バレエは権力と大変密接な関係にありました。バレエを上手に踊ることができれば文字通り王に近づける可能性があったのです。ですから、貴族にとって上手に踊れることは自分が権力に直接関わる立場になれるかどうか、といった大変重要な問題でもありました。

また、王自身も自分の権力とバレエを効果的に用いました。映画『王は踊る』の中でフロンドの乱に加わった若者たちを自分の主演する作品に登場させ、彼らを許したことを示す場面が出てきますが、映画の通りではないにしろ、そうした権力とバレエの結びつきの強い時代であったのです。この映画作品は必ずしも史実に忠実ではありませんが、映像がなく図版もモノクロが多い時代のイメージを補う力を持っているといえるでしょう。

権力に近いということと無関係ではありませんが、バレエを踊るのはほとんどが男性でした。女官など女性が登場することもあったようですが、中心は男性だったのです。第一の黄金時代のバレエは「踊る男」によって占められていたといえるわけです。

その教育システムも作られました。それが1661年に創設された王立舞踊アカデミーでした。

ワツラフ・ニジンスキー

［1889〜1950年］

ロシアのダンサー、振付家。ディアギレフ主宰のバレエ・リュスの中で最も重要かつ有名なダンサーにして、20世紀バレエの巨星。P104参照。

ニコライ・セルゲイエフ

［1876〜1951年］

ロシアのダンサー、教師、バレエ・マスター、監督。マリインスキー劇場バレエ団で舞踊記譜の任に当たる舞台監督、舞台総監督に就く。任期中ステパノフ記譜法により21の作品を記録。10月革命後、ロシアを去る際、この舞踊譜を国外に持ち出す。これに基づき、西側でロシア生まれの全幕のクラシック作品が上演されるようになる。

バレエ・リュス

1909年パリ、シャトレ座で鮮烈なデビューをするロシア・バレエ。主宰者はディアギレフ。朋友の作曲家ストラヴィンスキーをはじめ、舞台美術にピカソやマティスら、当時の前衛アーティストが参加した。

映画『王は踊る』

原題Le Roi Danse。バロック時代にフランスで活躍した作曲家、ジャン・バティスト・リュリの生涯を描いた映画である。史実に脚色が加えられているが、ルイ14世の時代のバレエがビジュアルで伝わる映像。2000年製作。ジェラール・コルビオ監督。

踊る王侯貴族たちは姿を消して
プロのダンサーが活躍する

　自分が踊れなくなることでバレエが衰退すると恐れたのか、それとも純粋にバレエの体系化のために創設したのか判然としませんが、ルイ14世が王立舞踊アカデミーを創設したことによって、王が踊らなくなってもバレエは廃れることなく続いたのでした。この組織は今のパリ・オペラ座バレエ学校にもつながっていく重要なものとなりました。

　結局、ルイ14世も次第に歳を重ね、かつ太って踊れなくなり、1670年を最後に舞台からは引退したのでした。

　王が踊らなくなるということは、貴族にとっては踊りの技術を磨いて王に近づく必要がなくなったことを意味しました。趣味として踊る人は残りましたが、王が踊っていた時代に比べると踊る王侯貴族は減り、その代わり、職業としてのダンサーが増えてきます。ダンスの質もおのずから変化することになりました。

　そして、それに伴って表舞台に登場したのが、女性の踊り手でした。リュリのオペラ＝バレエ『愛の勝利』に出演したラ・フォンテーヌが最初の女性ダンサーだったといわれています。それまでの宮廷バレエで出演していたダンサーたちと違ったのは彼女がプロの舞台人だったことです。「舞踊の女王」と讃えられるほどの人気でした。もちろん男性のダンサーも活躍し、60歳まで踊ったというルイ・デュプレやミッシェル・ブロンディ、バロネという足の動きに今でも名を残しているクロード・バロンらが登場し、パリ・オペラ座はバレエの中心地として盛り上がりを見せたのです。

　当時の舞台衣裳は図版でもご覧いただけるように男性は脚を出していましたが、女性はほとんど足先しか見え

ジャン・バティスト・リュリ
［1632〜1687年］
作曲家、ダンサー。子供の頃にイタリアで音楽教育を受け、1644年頃フランスに移住。ルイ14世の宮廷にヴァイオリニスト、ダンサーとして召し抱えられる。作曲作品『夜のバレエ』など。

オペラ＝バレエ
豪華絢爛の舞台装置を使い、歌と舞踊とが対等に演じられる歌謡劇。17世紀後半から18世紀前半にかけてフランスで流行した。

『愛の勝利』
1681年初演。20ものアントレ（＊）からなる豪華絢爛な宮廷バレエ。フィナーレでは神と人間を支配する「愛」を称える。初演の4カ月後パリのパレ・ロワイヤルで上演されたときは、ラ・フォンテーヌが踊る（＊アントレとは「入場」の意味）。

ラ・フォンテーヌ
［1655頃〜1738年頃］
史上初の女性職業ダンサーとされる。1681年リュリの『愛の勝利』を踊ってデビュー。リュリのバレエ『ファエトン』『アキスとガラテア』など多数の主役を踊り、優美さで賞賛された。

ルイ・デュプレ
［1690頃〜1774年］
フランスのダンサー、振付家、バレエ・マスター。パリ・オペラ座バレエ学校に学び、1714年公式デビューする前から子役として踊り、60代になっても踊り続けたとされる。その体型と優雅な踊りは賞賛の的で「偉大なデュプレ」と呼ばれた。

ミッシェル・ブロンディ
［1676または1677〜1739年］
フランスのダンサー、振付家、教師。ピエール・ボーシャン（P11）の甥であり弟子。1690年代にパリ・オペラ座に入る。1729年王立音楽アカデミーのバレエ作者、すなわちパリ・オペラ座の監督となる。教師として人気女性ダンサーのサレ（P22）とカマルゴ（P20）を育てた功績がある。

Column

パリ・オペラ座の伝説的舞踊手、ヴェストリス

　時代は少し下るが、オーギュスト・ヴェストリス［1760〜1842年］は猛烈なスピードで目もくらむようなピルエットなど超絶技巧を誇り、驚嘆したナポレオンにパリから出ることを禁じられた逸話を持つ。「美男のヴェストリス」「美しい脚のヴェストリス」と讃えられ、75歳まで現役で踊った。引退後はディドロ、タリオーニ、エルスラー、ブルノンヴィルらを教育。後にニジンスキーが登場した際には「ヴェストリスの再来」といわれた。

（図版＊）

ないものでした。それでも脚は現在と同じように横へ
しっかりと開くアン・ドゥオールが要求されていたそう
です。

　また、踊りの質という意味では、貴族が踊っていた時
よりは動きは大きく、派手になったようですが、それで
も衣裳の素材は大変重いもので、現在とはまったく違う
動きだったことが容易に想像できます。見落とされがち
ではありますが、バレエはさまざまな技術と深く関係し
ていて、衣裳も繊維技術の変化によって大きく変貌を遂
げ、現在に向かうほど、より軽く、よりフィットした踊
りやすいものになってきているのです。

　話が少しそれましたが、そうしたなか、観客の要求に
応える形でバレエの中心にはどんどん女性ダンサーが増
えていきます。そしてロマン主義時代、大きな飛躍といっ
てもいい変化の時を迎えるのです…。

クロード・バロン

［1671〜1744年］

フランスのダンサー、教師、振付家。
1715年、5歳のルイ15世の舞踊教師
となり、19年には王のバレエの作曲
家に任命される。同年ピエール・ボー
シャンの後を継ぎ、王立舞踊アカデ
ミー総裁となる。彼の名前「バロン」は
跳躍の力量を表すバレエ用語で、「バ
ロネ」という跳躍技法もそこから派生
した名称。上の図はそのバロネで着地
したときの足元を表している。(図版＊)

アン・ドゥオール

足を外側に開くこと。5つの足のポジ
ションを基本とするダンス・クラシッ
クによる踊りでは、パは基本的にアン・
ドゥオールが原則である。

バロック時代は踊り手が男性だった。華やかな衣裳はさながら細い脚を強調する
ようなデザインであった。(図版＊)

Column　バロックダンスについて

バレエの起源はイタリア、ルネサンスです。貴族の館で行われたパーティで踊られた踊りといわれています。そのもっと前に貴族の身体作法として足の位置（これはバレエの現在の5つのポジションと同じです）、帽子を脱いで挨拶する時の動きなどの基本が定められていますが、それがバレエのベースになっています。

大雑把にいえば礼儀作法がバレエのベースにあったというわけです。

そうしたベースをもとに踊りとして発達し、ルネサンス時代には今でも語り継がれるような大きな踊りが生まれました。なかでもレオナルド・ダ・ヴィンチが衣裳デザインと動く舞台装置を手掛けたミラノ公のパーティは大きな話題となりました。ダ・ヴィンチは大変多才な人物でしたが、こうしたことまで手掛けていたのです。余談になりますが、現在ヴァチカン市国の衛兵の制服はダ・ヴィンチが手掛けたものがそのまま踏襲されています。そういわれると舞台衣裳風にも見える制服です。

さて、当時のバレエですが、現在では「バロックダンス」という名のもとで国内外で踊られています。公演もしばしば開かれています。

楽器や衣裳が違うだけではなく、動きも床にフォーメーションを描くようなものが多く、また跳ぶ動きはほとんどなく、トウではないつま先立ちで上下の動きが多用、強調されるダンスです。これらの振付は、残された舞踊譜から再現されています。

しかし、舞踊譜というのはさまざまな流派があり、その解読にはいくつかのやり方があります。その読み方によって流派に分かれているのが現状です。当然映像は残っておらず、絵画や手記等の記録から再現するため正解は誰にもわからないものでもあるのです。

また楽器も現在の物とは違う、バロック時代の楽器が使われます。独特の風雅な魅力がありますので、公演にも足を運んでみてはいかがでしょう。バレエの原型に出合うこともできます。

イタリアの教則本、ファブリッツィオ・カローゾ『イル・バレリーノ』より「婦人の高貴なたしなみ」(1581年)。

イタリア発祥のバレエがフランスで発達

1543年 ─── 1713年

1543年	・コペルニクスが「地動説」を唱える
1573年	◆『ポーランドのバレエ』上演（バレエ Baletという単語が初めて使われる※）
1581年	◆『王妃のバレエ・コミーク』上演
1583年	・ガリレオ・ガリレイ振子の等時性を発見
1600年	・シェークスピアの『ベニスの商人』出版
1603年	・家康が江戸幕府を開く
1618年	・三十年戦争が始まる（〜1648）
1620年	・イギリス清教徒がメイフラワー号で北米に移住
1630年代	◆フランス宮廷でプロセニアムを備えた舞台が登場
1642年	・イギリスでピューリタン革命始まる（〜1660）
1643年	◆ルイ14世即位（〜1715）
1649年	・イギリスの王政が倒れ、クロムウェルの共和制が始まる（〜1660）
1661年	◆王立舞踊アカデミー創設
1669年	◆パリ・オペラ座の建設の許可が下りる
1670年	◆ルイ14世舞台を引退
1671年	◆パリ・オペラ座開場
1682年	・ルイ14世ヴェルサイユ宮殿に宮廷を移す
1681年	◆『愛の勝利』でラ・フォンテーヌが史上初の女性の舞踊手として登場
1687年	◆リュリ死去（死去までバレエの上演権を手中にしていた）
1700年	◆フイエ『コレオグラフ、あるいは人物、図形、指示記号による舞踊記述法』出版
1713年	◆バレエ学校がオペラ座の中に設立された

※フランス語で今はBalletと綴られるが、当時はBalet

Chapter
2

踊る女性の誕生

〈3人のマリー〉

The Birth of Professional Female Dancers

女性ダンサー台頭の幕開け
人気を席巻したマリー・カマルゴ

　踊り手として女性が活躍するようになると、衣裳にも大きな変化が起こりました。

　偶然ではありますが、マリーという名の3名の女性が大切な役割を果たしました。

　1人目はマリー・カマルゴ。彼女はとりわけ脚のテクニックに優れたダンサーでした。一説には美しくなかったなどともいわれていますが、残された版画を見る限りにおいてはなかなか可愛らしい容姿に見えます。容姿の美醜はバレエでは問題になる点ですが、時代によっても基準が違うので、私たちから見ると言説に理解しづらいこともあります。もちろん写真の登場までは版画や絵画によるものですので、描き手の人間解釈など主観が加わるため実際の姿とどの程度近しいのかわからない点があるのも事実です。

　とはいうものの、バレエの衣裳がこの1人目のマリーによって短くなったことは変わりません。

　私たちの時代から見たらカマルゴのスカート丈は決して短いとは思えないのですが、それまでの女性の衣裳がつま先がスカートからのぞく程度の長さだったことと比べると、くるぶしが見えるスカート丈というのは大変衝撃的なものでした。右版画で楽団の人々が皆彼女の足元ばかりを見ていることからもその衝撃の一部が伝わってきます。

　カマルゴの人気は大変なもので、「カマルゴ風」の靴や洋服、果てはオムレツといった料理までさまざまな「カマルゴ風」が登場するほどでした。こうした人気のあり方は今でいえばアイドルの人気に近いのかもしれません。

　その人気があったからこそ、後にロシア帝室バレエ時代にマチルダ・クシェシンスカヤが当たり役にした『ラ・カマルゴ』というバレエ作品も生まれたのです。ある時代を風靡したバレリーナは後の時代の作品に登場することがあります。

マリー・カマルゴ

［1710〜1770年］

スペイン人とイタリア人の血を引くフランスのダンサー。ブリュッセルで初舞台、パリでプレヴォーとブロンディに師事し、1726年パリ・オペラ座入団。これまで男性の専売特許とされていたステップなど超絶技巧を披露した最初の女性バレリーナ。（図版＊）

マチルダ・クシェシンスカヤ

［1872〜1971年］

ロシア人として初めて32回フェッテを踊った帝室バレエ時代の名花の一人。皇帝ニコライ2世の皇太子時代の愛人であったが、1921年には皇帝一族のアンドレイ大公と結婚。ディアギレフのバレエ・リュスにも参加した。

バレエ衣裳の
スカート丈を短くした
マリー・カマルゴの足さばき

18世紀バレエの重要なスターの一人であり、当時のファッションにも影響を与えたカマルゴ(上)は女性がいかに踊るべきかという人々の考えを一変させた。カブリオールやアントルシャといった従来、男性踊り手の見せ場とされていた難しいステップを軽々とこなし、観客はその大胆なアレグロの踊りに魅せられた。バレリーナの伝統的なスカートをくるぶしの上へまで短くしたのもカマルゴの技量があってのこと。それまでの女性ダンサーの衣裳はスカートからつま先がのぞく程度(右図)だったのだから、カマルゴの足元が見えるのは画期的なことだった。

(図版2点とも＊)

バレエ衣裳の夫人、1648年。

カマルゴのライバルとして登場した
マリー・サレ

　そして人気が出たダンサーには必ずライバルが生まれるのはどの時代でも変わらないようで、カマルゴのライバルとして登場したダンサーがいました。マリー・サレ、彼女が2人目の「マリー」です。

　彼女はアクロバットの一家の出身でした。このアクロバット出身のダンサーというのは時々輩出されるようで、例えば後の時代、バレエ・リュスのアントン・ドーリンなどもそうした一人です。アクロバットの一家からどのようなつながりでバレエに出演する経緯になったのか、詳しいことがわからない場合も多いのですが、体操のオ

マリー・サレ
［1707〜1756年］
フランスのダンサー、振付家。ロンドンにて9歳でパントマイムの舞台に立つ。演技・ダンスを学び1727年パリ・オペラ座デビュー。当時大人気のカマルゴのライバルと見なされる。サレの繊細な優雅さと表現力豊かなマイムは、技巧派のカマルゴとは対照的だった。

アントン・ドーリン
［1904〜1983年］
イギリスのダンサー、振付家、監督。ディアギレフのバレエ・リュスで活躍後、自身のバレエ団を設立。20世紀初めに誕生したイギリス・バレエ界に影響を及ぼす。P112参照。

マリー・サレの肖像画。バレエの主題に合わせて髪を垂らし、シンプルな衣裳で踊った。（図版*）

リンピック国内予選を突破した12歳のシルヴィ・ギエムを当時パリ・オペラ座バレエ学校校長のクロード・ベッシーが見出したように、誰かがその驚くべき才能を発見して、バレエの舞台へと導いたのかもしれません。

サレはそうした背景から生まれたダンサーでしたが、ノヴェールによればテクニックよりも抒情性や演劇性が高く評価されているのは少し意外でもあります。

もっとも、サレが名前を残したのはその踊り以上に衣裳にまつわる逸話でした。ギリシア風の薄い素材の衣裳で踊ってセンセーションを巻き起こしたのです。当時はもちろん、もう少し時代が下ったロマンティック・バレエ時代でもバレリーナの衣裳は胴部分にはコルセットがしっかりと入っていましたし、スカートを膨らませるパニエも欠かせないものでした。そこをサレは大胆にもコルセットを脱ぎすてて肌に沿う透けるような薄い素材で踊ったのです。

ただ、時代が早すぎたのでしょう。受け入れられず数回のみの登場となりました。下品と思われてしまったのです。

サレについての評価が書かれた『舞踊とバレエについての手紙』の中で著者ノヴェールはカマルゴについても触れています。触れているどころか、実は彼はカマルゴのパートナーを務め、後にマリー・アントワネットのバレエ教師に任命されるなど、当時非常に評価された有能なダンサーでした。

ノヴェール著のこの本はバレエ史のなかでも大変重要なので少し触れたいと思います。彼はバレエのあらすじは観客にあらかじめ配り、観客はそれを読んだうえで見るべきだとしました。また美術、音楽、詩（今でいえば台本にあたるもの）、踊りが一つにならなくてはならない、つまり総合芸術であるべきという考えを示したのです。こうした芸術としての「一貫性」の問題は舞台芸術では必ず論争になるようです。

シルヴィ・ギエム
［1965年〜］
フランスのダンサー。子供時代に体操のトレーニングを受けた後、1977〜80年パリ・オペラ座バレエ学校に学び、81年入団、84年エトワールとなる。89年、英国ロイヤル・バレエに移籍。現在はフリーで国際的に活躍する。

クロード・ベッシー
［1932年〜］
フランスのダンサー、バレエ学校長。パリ・オペラ座でエトワールとして輝かしい活躍の後、72年パリ・オペラ座バレエ学校校長に就く（〜2004）。

『舞踊とバレエについての手紙』
ジャン＝ジョルジュ・ノヴェール著。1759年初版刊行、1807年サンクトペテルブルクで改訂版が出され、1930年ロンドンで英訳本が出版された。

Column
ジャン＝ジョルジュ・ノヴェールの功績
ジャン＝ジョルジュ・ノヴェール［1727〜1810］はフランスのダンサー、振付家。マリー・アントワネットの助力でパリ・オペラ座のバレエ・マスターとなる。しかし彼の名前をバレエ史に刻んだのは、その著書『舞踊とバレエについての手紙』である。このノヴェールの説に反対したアンジョリーニとの間で公開論争に発展した。ノヴェールはバレエの中に物語を語り、感情を表現する真のドラマへの可能性を見出した改革者であった。

（図版＊）

これに対して反対の立場を取ったのはイタリアのガスペロ・アンジョリーニでした。舞台上ではダンスがすべてを語るべきであり、台本を読まないとわからないバレエはおかしいと主張したのです。舞台上で物語をどのように語るべきか、見せるべきかという考えの対立はバレエに限らず舞台芸術では常につきまとう問題のようです。バレエにおいても後に再び、マイムをどう考えるか、ということでマイムを必要とする主張、踊りだけで伝えるべきとする主張で二派が対立することになります。バレエに限らず舞台芸術は近代に近づくほど、約束事にとらわれず見ればわかるという形になってゆく傾向があるのかもしれません。

　さて、話をフランスのバレエに戻しましょう。フランスではノヴェールがパリ・オペラ座のメートル・ド・バレエ（今で言えば芸術監督）に就任した後、大きな事件が起こります。1789年のフランス革命勃発です。オペラ座は王侯貴族たちの社交の場でしたから、その王侯貴族を断罪する革命と無関係ではいられなかったはずなのですが、不思議なことに上演は続けられ、バレエは生き残りました。もちろん完全に影響がなかったわけではなく、それまでは神話や高位の人しか登場しなかったバレエに一般庶民が主役として登場するようになったという大きな変化はありました。しかし、バレエの存在そのものへは革命の波は押し寄せなかったのです。

　まだ明らかになっていない、個人の力あるいは、大衆の好みによる理由があるのかもしれませんが、その経緯はよくわかっていません。バレエはこの後もロシア革命を含め、さまざまな社会情勢の中を今日まで生き延びます。つまりは、美は権力よりも強かった、ということなのかもしれません。

ガスペロ・アンジョリーニ

［1731〜1803年］

イタリアのダンサー、振付家、バレエ・マスター、作曲家。ローマ、ミラノ、ウィーン、サンクトペテルブルクの劇場で活躍する。

マイム

踊りだけでは伝わらない会話的言語を身振りや表情を使って表現する一種のパントマイム。クラシック・バレエ、『ラ・シルフィード』『ジゼル』『コッペリア』などロマンティック・バレエ時代の作品には多く用いられていた。

バレエ『愛の勝利』一場面。手前右が10歳のマリー・アントワネット、左が弟マクシミリアン。長兄ヨーゼフ2世の婚礼祝宴に上演された様子が描かれている（ウィーン・ホーフブルク宮殿）。

フランス王ルイ16世の王妃マリー・アントワネットはオペラや観劇を好み、ヴェルサイユ内の離宮「ル・プティ・トリアノン」に王妃専用の劇場を建てさせた。その他、一晩で作られる仮設劇場も使われた。

1779年に建てられた王妃のための小さな劇場。華麗な装飾が施されている。

マリー・タリオーニ

[1804〜1884年]

有名なイタリアのバレエ一家「タリ
オーニ家」に生まれる。母はスウェー
デン人。1822年ウィーンで舞台デ
ビュー、1827年にパリ・デビューを果
たし、以降10年間パリ・オペラ座のス
ターであり続けた。ロシア帝室バレエ
に招かれて多数のロマンティック・バ
レエを踊ったほか、各国を巡演した。
(図版＊)

ロマンティック・バレエ前夜
タリオーニの父にして師フィリッポ

　フランス革命後、ロマンティック・バレエの時代に移行します。この時登場したのが、3人目の「マリー」、マリー・タリオーニです。

　マリー・タリオーニが『ラ・シルフィード』を踊った時にロマンティック・バレエはその扉を開けたということができるのです。ロマンティック・チュチュが生まれ、トウ（ポワント）の技術がしっかりと確立された時代です。この、ロマンティック・バレエこそが現在のバレエの源流ということもできるでしょう。

　マリー・タリオーニが活躍したロマンティック・バレエの時代は次章で詳しくご紹介しますが、突然登場したわけではなく、伏線のような流れがありました。それがプレ・ロマンティック・バレエと呼ばれる時代です。

　マリーの父でバレエ教師、『ラ・シルフィード』の振付家でもあるフィリッポ・タリオーニはプレ・ロマンティック・バレエにおいても重要な振付家です。

　このプレ・ロマンティック・バレエについては、この後に触れることができないのでここで少しご紹介しておきます。プレというのは「前の」「以前の」という意味です。ロマンティック・バレエ時代の特徴でもある身分違いの恋が登場し、異国情緒を扱っていますが、まだ妖精やこの世のものではない存在は登場していません。フィリッポ・タリオーニは『ナタリー、またはスイスの乳搾り娘』『ダニーナ、またはブラジルの猿ジョッコ』などの作品を振り付けました。

　後年のロマンティック・バレエ時代の特徴でもあるトウの技術は、まだ未熟ではありましたが使われ始めていました。トウで立つ技術についてはさまざまな資料から1815年頃に成立したと考えられています。長くトウで踊ったり効果的にトウでの踊りを見せるというよりは〝珍しいもの〟を披露する感覚のトウで踊られるダンスがあったようです（トウの技術はバレエに欠かせないものですが、意外なことにいつどのようにこの技術が誕生したのか、未だにはっきりしない点が多いのです）。ですが、プレ・ロマンティック・バレエの時代の作品や、踊りの技術があったうえで成立したのが『ラ・シルフィード』や『ジゼル』。すなわち次章で解説するロマンティック・バレエの代表作なのです。

『ラ・シルフィード』

1832年パリで初演。振付フィリッポ・タリオーニ、音楽シュネイツホッファー、台本アドルフ・ヌリ。初演ではマリー・タリオーニ、マジリエ、ノブレらが出演した。

ロマンティック・チュチュ

チュチュとは薄手の生地を幾重にも重ねて作られた女性舞踊手の衣裳。長い丈のものをロマンティック・チュチュといい、短いものはクラシック・チュチュというが、こちらは後年プティパの時代に開発された。

トウ（ポワント）

フランス語では「ポワント」。バレエで爪先の上に立って踊ることを指す。またトウ・シューズそのものを指す場合もある。

フィリッポ・タリオーニ

［1777〜1871年］

イタリアのダンサー、振付家。イタリア各地で踊った後、パリ・オペラ座でも踊り、1802年にストックホルムのダンサー兼バレエ・マスターとなる。05年ウィーンで振付家としてデビュー後は、欧州各地を精力的に回り、多くの作品を発表した。（図版＊）

『ナタリー、またはスイスの乳搾り娘』

1821年パリで初演。振付フィリッポ・タリオーニ。音楽ジロヴェッツ、カラファ。

『ダニーナ、またはブラジルの猿ジョッコ』

1826年シュツットガルトで初演。振付・台本フィリッポ・タリオーニ。音楽ペーター・フォン・リントパイントナー。

『ジゼル』

1841年パリで初演。振付ジャン・コラリ／ジュール・ペロー、音楽アドルフ・アダン、台本ヴェルノワ・ド・サン＝ジョルジュ／ゴーティエ／コラリ。

スターは交互に… 男性の時代と女性の時代

バレエには男性の時代と女性の時代が交互に現れているようです。

歴史を振り返ってみますと、バレエが生まれた時代には政治とバレエは深く関わり合っていたこともあり、踊る男性の時代でした。それがロマンティック・バレエ時代には完全に逆転し、踊る女性の時代となり、男性役を女性が踊るほどになり、男性は舞台を見る側にまわり、舞台から男性は排除されていったのでした。そしてロシアの帝室時代には両性が並び立ってはい

たものの、そのロシア帝室バレエの実力と人物をベースにして西欧に打って出たバレエ・リュスになると、また完全に踊る男性の時代となります。

パリを中心とした欧州の観客たちは初めて見る男性群舞の迫力と男性ダンサーの魅力の虜になったのです。そしてバレエ・リュスが解散した後、バレエ・リュスの作品やダンサーを継ぐ形で結成されたバレエ・リュス・ド・モンテカルロは「ベイビー・バレリーナ」という名で3人の女性ダンサーを看板としました。少なくとも、バレエ・リュスとの差別化を図るために女性ダンサーを中心にするという基本方針で出発したバレエ団でした。実際にはフレデリック・フランクリン、ジョージ・ゾリッチなど人気を誇った魅力的な男性ダンサーも多数活躍しましたが、最初の看板は女性ダンサーだったのです。

バレエ・リュス・ド・モンテカルロは1960年代まで存続しますが、その後はといえば、ルドルフ・ヌレエフやミハイル・バリシニコフといった亡命ロシア人の男性ダンサーがよりその魅力を発揮したといえるでしょうし、何よりベジャールのバレエ団は踊る男性ダンサーを中心としたカンパニーだっ

宮廷バレエ時代の衣裳で踊る男性、1675年頃。
（図版上右ページとも＊）

たといえるでしょう。少し後にパリ・オペラ座も「アンファン・テリーブル（恐るべき子供）」とまでいわれたパトリック・デュポンが活躍します。

再び女性の時代がやってきたのはシルヴィ・ギエムによるところが大きいのではないでしょうか。もっとも彼女の活躍時期はデュポンらも現役でしたから女性だけが優位とはいえ

ないまでも、身体能力に優れたギエムの与えたインパクトは絶大でした。ギエム前後でバレエは表現方法をはじめ、いろいろな面が大きく変わったのは事実です。話がそれてしまいましたが、では現在は？といわれると珍しく男女のスターが拮抗する時代ともいえるでしょうし、圧倒的なスターのいない時代ともいえるでしょう。

20世紀初頭に登場した天才ダンサー、ニジンスキー。『ジゼル』より。

フランスのプレ・ロマンティック・バレエの時代

1726年 ── 1832年

1726年	・イギリスのスウィフトが『ガリバー旅行記』を著す
	◆マリー・カマルゴ、オペラ座にデビュー
1740年	・オーストリア継承戦争(〜1748)
1743年	◆ジャン=ジョルジュ・ノヴェール、パリ・オペラ・コミークにデビュー
1748年	・モンテスキュー『法の精神』を著す
1751年	◆ガエタノ・ヴェストリス、ダンスール・スールに昇格
1759年	◆ジャン=ジョルジュ・ノヴェール『舞踊とバレエについての手紙』発行(1807年にさらに手を入れたものを『芸術全般、特にバレエについての手紙』として発行)
1760年代	・イギリスで産業革命が始まる(〜1840)
1763年	◆1月パリ・オペラ座焼失
	◆マドレーヌ・ギマール、パリ・オペラ座のダンスーズ・スールに昇格(〜1789)
1770年	◆パレ・ロワイヤルの中に新オペラ座が開場
	◆オーギュスト・ヴェストリス、パリ・オペラ座のメートル・ド・バレエに就任(〜1776)
1773年	◆マクシミリアン・ガルデル、パリ・オペラ座首席メートル・ド・バレエに就任(〜1787)
1776年	・アメリカ独立宣言
	◆ジャン=ジョルジュ・ノヴェール、パリ・オペラ座のメートル・ド・バレエに就任
1787年	◆マクシミリアンの弟ピエール・ガルデル、パリ・オペラ座首席メートル・ド・バレエに就任(〜1829)
1789年	◆フランス革命勃発
	・ワシントン初代アメリカ大統領に就任
	◆『藁のバレエ、または運、不運は紙一重』(『ラ・フィユ・マル・ガルデ』の原型)初演
1790年	◆『カリプソの島のテレマーク』『プシュケ』初演
1800年	◆『ラ・ダンソマニー』初演
1804年	・ナポレオン皇帝が即位
1806年	・神聖ローマ帝国滅亡
1814年	・ナポレオン失脚　ウィーン会議開催(〜1815)
1815年頃	◆トウの技術が確立したと考えられている
1821年	◆『ナタリー、またはスイスの乳搾り娘』初演

ロマン主義が生んだ
ロマンティック・バレエ

The Romanticism : Romantic Ballet in France

異国情緒溢れる『シャクンタラー』舞台全景。「異国が舞台」は、ロマンティック・バレエの典型的設定。（図版＊）

19世紀ロマン主義はフランスで
バレエとして開花した

「ロマンティック・バレエ」とは何でしょうか。その名称を聞くと『ジゼル』や『ラ・シルフィード』の妖精の印象も相まって、「ロマンティックなバレエ」という意味だと思われる人も多いかもしれません。

しかし「ロマンティック・バレエ」の本当の意味は「ロマン主義バレエ」なのです。

19世紀ロマン主義はまず文学運動としてドイツで生まれたもので、さまざまな分野に影響を与えながら欧州全体、そして日本を含めた世界へと広がっていきました。そしてフランスに伝わった際にバレエという形で花開いたのが「ロマンティック・バレエ」だったのです。その最盛期は1830年代から1840年代でした。これはバレエ史においての第二の黄金時代といえる時期でした。

ロマンティック・バレエの特徴はロマン主義文学の特徴と一致しています。ロマン主義は、それまでの理性や形式、節度を重視した古典主義と反対に、感受性や想像力を重視しました。そうしたロマン主義の文学が好んで描いたのは、身分違いの恋や異国の存在、そして妖精や亡霊といった〝この世のものではない存在〟でした。こ

19世紀ロマン主義

18世紀末から19世紀初頭にヨーロッパ全体に巻き起こった一大思潮。その運動は、文学、哲学、美術、音楽、演劇、舞踊などあらゆる芸術に及んだ。ロマン主義の根底にあるのはそれまでの古典主義で軽視されてきた人間の独自性や感情、民族文化の尊重、自然への共感で、それらが中世や異国への興味として強調されたり、夢、幻想、妖精という形で表現されたりした。

ロマンティック・バレエ時代を代表する作品『ジゼル』。結婚前に命を落とした乙女たちは亡霊（ウィリ）となり、夜な夜な墓場から現れて、森に迷い込んだ男性を死に至るまで踊らせる物語。パリ・オペラ座バレエ団公演より。©Seto Hidemi

うした文学上の傾向はそのままバレエに引き継がれました。実際、ロマン主義文学の作家であったテオフィル・ゴーティエがバレエ台本を手掛けるといった直接的な関係もありました。

　また、このロマン主義時代のもう一つの流れは古典回帰すなわち「ローマへ帰れ」でしたから、ナポレオン后妃となったジョゼフィーヌをはじめとした上流階級の女性たちは、ドレープのたくさん入った身体のラインがわかるようなスタイルの、現在のロング丈のワンピースのようなシルエットのローマ風ドレスを着はじめました。そして、サンダルのような靴やかかとのないバレエ・シューズなどを履いたのです。それまでのコルセットで締め上げた服や、ヒールの高い飾りのたくさんついた靴とは随分趣の違うものでした。
　こうした上流階級の人々の日常服の流行によって、肌を見せることは以前よりはタブーではなくなった点もあるでしょう。マリー・サレの時代にはとんでもないものと思われた肌が透けるような薄い生地で作られた衣裳も、抵抗なく受け入れられるようになっていました。

　そうした背景のなか、ロマン主義バレエで妖精やこの世のものではない存在を表現するために生まれたもの、それがトウ・シューズと釣鐘型のロマンティック・チュチュでした。あたかも背景に溶け込むかのような、風で飛んでいってしまいそうな儚げな存在感を、薄いチュチュとトウ（つま先）で立つという技術で表現したのです。この世の重力を感じさせない表現のために両方とも必要だったのです。
　さらにこの世のものではない存在を見せる手段として、吊りものも使われ、ダンサーたちは文字通り宙を飛んだのでした。今では一部のサーカス的表現やコンテンポラリーダンスなどでしか見られませんが、当時は一般的な表現としてバレエに用いられていたのです。『ジゼル』の第2幕でジゼルの森の墓場に近づく人を驚かせる妖精の存在を、現在では象徴的に青い炎や照明で表現していますが、ロマンティック・バレエの時代には舞台の高い場所にダンサーが突然登場したり、吊りものによって宙を飛ぶなどのシーンがありました。大掛かりな仕掛けで動かす舞台美術は宮廷バレエ時代にも、その後のノヴェールの時代にも見られたものですが、そうしたスペクタクル的要素がバレエに長らく残っていた史実は興味深い点です。

テオフィル・ゴーティエ
［1811〜1872年］
フランスの詩人、作家、バレエ評論家、台本作家。カルロッタ・グリジ（P44）を崇拝し、1841年彼女のために『ジゼル』の台本を執筆。43年『ラ・ペリ』、51年『ひなぎく』、54年『ジェンマ』、58年『シャクンタラー』の台本も書くなどロマンティック・バレエ発展に貢献。また、グリジの妹と結婚した。

©RMN/AMF/amanaimages

「ローマへ帰れ」
18世紀後半から19世紀初頭、ヨーロッパ美術の大きな流れに新古典主義があった。革命直前のフランスでは華美なロココ主義が飽きられ、当時英国で流行していた古代ギリシア・ローマに美を求めた。さらに革命後、ナポレオン時代になると古典の英雄主義的モティーフをもとにするアンピール様式が好まれる。上はローマ風ドレスを着たジョセフィーヌ。

マリー・サレ
［1707〜1756年］
フランスのダンサー、振付家。当時の常識を超えるギリシア風の衣裳で踊りスキャンダルとなった。P22参照。

『ジゼル』を踊るカルロッタ・グリジ

現在でも踊り続けられているロマンティック・バレエ時代を代表する作品。1841年初演時は、ジゼルをグリジ、アルブレヒトをリュシアン・プティパ、妖精の女王ミルタをアデル・デュミラトールが踊った。未婚で死に、森に葬られたジゼルは人間の男性に復讐するウィリとなる。しかし、ジゼルは妖精の女王ミルタに背きアルブレヒトを守り抜く。愛の強さと美しさを描いた。(図版*)

オペラの一場面から始まった
ロマンティック・バレエ

しかし、ロマンティック・バレエの象徴でもある、白いチュチュの群舞が最初に舞台に登場したのは、実はバレエではなくオペラでした。1831年初演のマイアベーア作曲のオペラ『悪魔のロベール』の「尼僧のバレエ」の場面で、フィリッポ・タリオーニが振り付けた踊りです。姦淫の罪を犯した尼僧たちがあの夜から蘇って尼僧院で踊るという文字にすると何ともおどろおどろしい場面ですが、見た目には「白いバレエ（バレエ・ブラン）」であり、美しい女性ダンサーの群舞でした。このバレエ・ブランが初めて登場した歴史的シーンが、オペラの一部だったというのは意外かもしれませんが、実はバレエとオペラはこれ以前にも以降にも深く関わっています。

そもそも、神話を踊ることの多かったルイ14世の時代、バレエは踊るだけでなく台詞や歌のあるオペラや演劇的表現と一体となった存在でした。ルイ14世のバレエ教師で後にオペラ゠バレエとコメディ゠バレエの上演権をその手に独占したリュリによるバレエもそうでした（女性舞踊家が最初に登場したバレエは1681年のリュリの『愛の勝利』だといわれています）。また1700年代にも劇作家モリエール台本による作品やラモーによる『優雅なインドの国々』など大掛かりなオペラ゠バレエが上演され続けていたのです。

そして、もう少し時代が下るとバレエはバレエとして独立上演される一方で、オペラにとっても欠かせない存在となりました。例えば、ワグナーのオペラ『タンホイザー』にさえバレエが必要とされたのです。この『タンホイザー』のパリ公演に際し、もともと観客が遅れて来ても見られるよう通常2幕の頭に挿入されていたバレエ・シーンを、全体の流れを考えてワグナーが序曲の後に入れたところ、それを楽しみにしていた観客からの反発にあい、上演3日で打ち切られてしまいました。それほどバレエの人気は高かったのです。

またオペラ゠バレエとは言い切れないものの、バレエ・リュスの時代には『ポロヴェツ人の踊り』『結婚』『バラボー』など、オペラ歌唱を必要とするバレエ作品も上演されています。このオペラとバレエの関係はもう一度きちんと見直す必要があるでしょう。バレエとオペラの分岐やその関係の在り方については十分に研究が進んでいない点もあります。

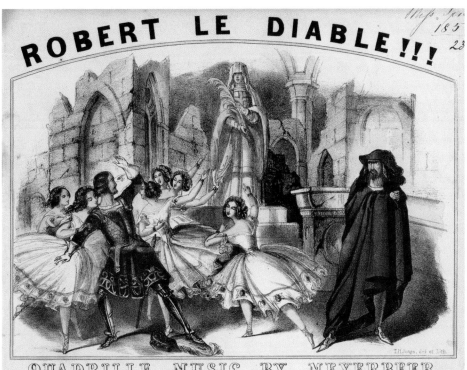

『悪魔のロベール』

初めて「バレエ・ブラン＝白いバレエ」シーンが登場したのは、バレエ単独ではなく、オペラ『悪魔のロベール』の一場面だった。1831年、パリ・オペラ座で初演。振付フィリッポ・タリオーニ、音楽ジャコモ・マイアベーア。第3幕第2場に挿入されたバレエ場面を画家ドガも描いているが、それは悪魔の歌うモノローグによって墓から蘇った尼僧たちの踊り。姦淫の罪を犯した尼僧の霊が主人公ロベールを誘惑し、魔法の枝を彼に授けるシーンである。（図版＊）

ロマンティック・バレエの主題によって
トウ・シューズとチュチュが登場

　では、いつになって純粋にロマンティック・バレエが登場し、イメージが確立したのでしょうか。今でも上演されている『ラ・シルフィード』がその作品です。この作品によって、チュチュとトウ・シューズによる妖精、そしてロマン主義的なテーマが表現として確立し、定着したのです。主演したマリー・タリオーニはロマンティック・バレエの最初のバレリーナとなったのでした。

　『ラ・シルフィード』のシルフ（風の精）は結婚前夜の男性ジェームズと道ならぬ恋に落ち、恋におぼれた男性は手元にシルフをとどめておきたい一心で魔女マッジに与えられた魔法のヴェールで思いがけずシルフを殺めてしまう。そうした悲劇的な、刹那的なテーマは繰り返し登場することになります。それは善悪ではなく、感情や感覚が勝る世界、理性の抑制が利かない世界の物語なのです。『オンディーヌ』の水の精、『ラ・ペリ』の妖精などロマンティック・バレエの中の妖精をあげればきりがありません。

　風の精としてするりと入り込んでくるタリオーニが身につけたロマンティック・チュチュはすぐにバレエの衣裳として定着したのでした。現在のものより丈は長く、ひざ下くるぶし中央程度まで、ボディ部分はボーンが入ったコルセット状になってお

マリー・タリオーニ
[1804〜1884年]
ロマンティック・バレエを代表するダンサー。気品と愛らしさに加え、トウを使った高い技術を持つ踊り手だった。P26参照。

『ラ・シルフィード』を当たり役としたマリー・タリオーニは、版画にその姿がしばしば描かれている（アルフレッド=エデュアール・シャロン画　図版＊）。

Column
2つの版がある『ラ・シルフィード』

　1832年パリ初演で大成功したフィリッポ・タリオーニ振付の『ラ・シルフィード』は、その後ロンドン、ベルリンなど各都市で上演された。ブルノンヴィル（P50）は母国デンマークでもこの上演を望んだが、諸般の事情で難しく、それならばと音楽も別の曲を使い、自らが振り付けた新版を1836年上演。主演はブルノンヴィル自身と愛弟子ルシル・グラーンだった。このブルノンヴィル版は今なおデンマーク・ロイヤル・バレエ団のレパートリーであり、かつ世界のバレエ団によっても踊られている。一方、タリオーニ版は本国フランスで永い間忘れられ、1972年にピエール・ラコットによって再現上演された。

ジェームズを踊るマチュー・ガニオ（パリ・オペラ座バレエ団）。

©Seto Hidemi

『ラ・シルフィード』

1. 農夫ジェームズのもとを訪れた風の精シルフィード。

2. 恋に落ちたシルフィードはジェームズを見守る。

4. ジェームズが魔法のヴェールをシルフィードにかけた途端、背中の羽は抜け落ち、空気の精は息絶える。

3. シルフィードに森に誘われたジェームズは彼女に魅了され、永遠に自分のもとに留めたいと願う。そこへ魔女マッジが現れ、これでお前の願いがかなえられるとヴェールを与える。

(図版すべて＊)

1832年パリで初演。振付フィリッポ・タリオーニ、台本：アドルフ・ヌリ、音楽ジャン・シュネイツホッファー。ロマンティック・バレエのエポックメイキング的作品。ロマンティック・バレエ的要素ですべてが構成された初の作品。シャルル・ノディの小説『トリルビ、あるいはアーガイルの妖精』に基づいたストーリーで、その筋書きと雰囲気はマイアベーアのオペラ『悪魔のロベール』に影響されている。物語の舞台はスコットランドの田園地帯。

り自由が利きにくく、素材の違いから重量もはるかに重い衣裳でしたが、そのイメージは現在とほとんど変わらないものでした。

　この時のチュチュは細い木綿糸によって編まれた生地で作られていましたが、この木綿の布が大量に生産できるようになったのは産業革命によってであり、その材料はインドをはじめとする西欧諸国の植民地で生産されていたのです。忘れがちではありますが、バレエの背景にはこうした社会の変化が大きく影響を与えています。

　もっともこの衣裳には当時舞台で使用されていたガス灯照明の火が燃え移りやすいという決定的な問題もありました。劇場の規則で衣裳を防火液につけたうえで着用することになっていましたが、それによってチュチュのふんわりとした風合いが失われることを嫌ったダンサーたちの多くはそれに従いませんでした。その結果、炎が

蝶々のように逝ったエンマ・リヴリー

ロマンティック・バレエの最も有名なバレリーナといっても過言ではないマリー・タリオーニはこのエンマ・リヴリー[1842〜1863年]を自分の後継者と考えていたようで、彼女のために作品振付も行った。それは『パピヨン(蝶々)』という作品で、呪いによって蝶々に変えられてしまった美しい主人公が恋を成就するために炎に飛び込むと呪いが解けるという、後から考えると何とも暗示的な作品であった。その成功後エンマ・リヴリーは『ポルティチの娘』のドレスリハーサル中に起こった事故で、衣裳が火に包まれた結果21歳で命を落とす。この痛ましい事故はタリオーニにとっても大変ショックだったようで、この後、彼女が振付を手掛けることは二度となかった。

（図版＊）

スカートに燃え移って死んでしまったバレリーナもいたのです。一番有名なのは、マリー・タリオーニ唯一の愛弟子エンマ・リヴリー（コラム参照）の痛ましい事故でしょう。

　舞台上のアクセサリーについても触れておきましょう。マリー・タリオーニは版画にもしばしば描かれていますが、『ラ・シルフィード』で真珠の首飾りとブレスレットを身につけていました。この真珠は露が結晶したものという意味のあるアクセサリーでしたが、一方ではまだ養殖技術が確立していなかった時代、真珠は現在と比べものにならないくらい貴重でした。すなわち真珠は富の象徴でもあったのです。実際、私服姿のバレエ・ダンサーのポートレートでは多くの踊り手が宝石類を身につけて描かれていますが、真珠をつけている姿が多いのはロマンティック・バレエのイメージと合うというだけではなく、富という意味もあるのです。

　この、バレエ・ダンサーとアクセサリーの関係ですが、今では舞台で宝石を身につけて踊るというのは役柄にとって必要でない限りはあり得ないことです。しかし、当時はそれぞれの踊り手が自分の宝石を身につけて踊るのは自由になってもいたのです。こうした自由はパリに限らず、ロシアにおいても長らく続き、ダンサーが自分のパトロンに貢がせるなど悪癖の温床の一つとなってゆきます。

　ロマンティック・バレエといえば思い出すのは長い裾のチュチュやトウ・シューズのみならず、手を胸元でクロスさせる独特のポーズ（バレエにしては幾分前かがみな姿勢の……）だという人もおられるでしょう。このポーズは確かにどこかおぼろげな風情を漂わせます。

　しかし実はこのポーズはフィリッポ・タリオーニが娘マリーの手が長すぎて不格好だと考えたため、思いついたものなのです。現在では手足が長いことはダンサーの長所にはなっても短所とはなり得ませんが、フィリッポは短所と捉え、目立たぬように手を胸の前や頭の上でクロスするポーズが考案されたそうです。それが現在ではロマンティック・バレエ作品の典型的なポーズとして見られるようになったのですから、歴史の偶然というのは面白いものです。

真珠とダンサー
ロマンティック・バレエが華やかな頃、私服ポートレートでは多くの踊り手が宝石類を身につけて描かれた。上は、ロマンティック・バレエの名花カルロッタ・グリジ。P44参照。

ライバルによって燃え上がる
バレエ・ブーム

　この時代は作品に恵まれただけではなく、人気を集めるダンサーが多く生まれた、まさにバレエ史第二の黄金時代と書きましたが、マリー・タリオーニだけがスターだったわけではありません。

　1831年に私企業になっていたパリ・オペラ座総裁ルイ゠デジレ・ヴェロン博士はタリオーニだけの人気では限界があることを感じていましたし、次第にわがままになっていくスターに手を焼いていたとも伝えられます。そうしたなかでヴェロン博士が見出し、パリ・オペラ座に招いたのがファニー・エルスラーでした。

　2人は正反対ともいえる個性でパリ・オペラ座の人気を文字通り二分したダンサーでした。タリオーニは妖精を演じるにふさわしい軽やかさ、細さ、そして当時「キリスト教的」と評された清らかで透明感のある存在感で

ルイ゠デジレ・ヴェロン
［1798〜1867年］
1831年パリ・オペラ座が財政再建のため民営化された際の経営責任者。その施策は多岐にわたり、人気ダンサーの登用、新作上演、桟敷席の改善、また新興ブルジョワ層を顧客に取り込むなどして経営は黒字化した。1835年辞任。

ファニー・エルスラー
［1810〜1884年］
オーストリアのダンサー、振付家。ウィーンで学び、当時盛んだった子供バレエに出演後1818年劇場に入団、1834年にはパリ・デビューを果たす。ロマンティック・バレエ時代にあって妖精的な役柄よりもより情熱的、官能的な魅力で観客を魅了。1840年までパリ・オペラ座に籍を置き、タリオーニの良きライバルとしてその人気を二分した。

（図版＊）

人気を博しました。それに対してエルスラーは情熱的で官能的、肉体的な存在だったのです。得意とした役もまったく違っていました。エルスラーはこの世に存在する女性らしい役を得意としたダンサーで、2人の魅力は対照的なものでした。

　2人のスターはヴェロン博士のもくろみ通り、バレエ・シーンを大いに盛り上げたのです。

　エルスラーの人気がタリオーニを凌駕したのは「カチュチャ」の成功でしょう。コラリ振付の『松葉杖の悪魔』の中で頭に赤いばらを差し、スペイン風のくし飾りをつけて、カスタネットを手に踊る役でした。瓶にとじこめられていた悪魔を助けだした男子学生クレオファスが悪魔に3人の美女を見せられ、その美女たちと恋をし、最後に貧しいけれど心の美しい女性を選ぶというストーリーですが、エルスラーはその中で官能的な美女の役である「カチュチャ」で登場したのです。作品のストーリーとしては主役とはいえない役ですが、これが彼女の当たり役となり、さまざまなところで上演されることになりました。その脚の動き、美しく反り返って見せる背中、快活なリズム、そして赤に黒のレースの「スペイン風」の衣裳はまたたく間に、スペイン風の典型となって定着したのです（『ドン・キホーテ』のキトリの衣裳もこのイメージの延長線上にあるといえます）。この振付はドイツ人のバレエ教師によって著書に記載されているため、今でも時折上演されています。この他、『ラ・ジプシー』の中の「クラコヴィエンヌ」でも評判となりました。軍服風のモチーフの上着というのはどこか「男装的」な魅力もあったのでしょう。この2つの役は版画でも多数刷られ、エルスラーといえば……というイメージを形成しました。

　もちろんそれを見ていたタリオーニは自分もそうした「妖精」ではない「女性」の役も踊れると踊って見せましたし、逆にエルスラーが「妖精」を踊ることもありました。これはどの時代も変わらず、ダンサーは自分の可能性を広げようとするということでしょう。そして、そうした挑戦もシーンをさらに活気づけることになったのでした。

　いずれにしろ、この2人の人気はすさまじく、ある時は舞台が終わって、楽屋から出てきたダンサー専用の馬車の馬が外されており、ファンたちが自分たちで曳いて帰ると自宅まで送り届けたとか、彼女たちが使ったトウ・シューズでシャンパンを飲むのが最高の栄誉だったとか、伝えられる話には驚くものがあります。

カチュチャ

3/4拍子または3/8拍子で踊られるスペイン舞踊。本来2人で踊るものだが、エルスラーがコラリ振付『松葉杖の悪魔』のなかで独自のアレンジで踊ったカチュチャのソロが有名となり、19世紀半ばにはソロ舞踊として確立される。

ジャン・コラリ

［1779〜1854年］

フランスのダンサー、振付家。ロマンティック・バレエ時代の優れた振付家で、エルスラーのために4作品、グリジのために1作品を残し、その『ジゼル』(共同振付)が代表作として知られるが、むしろエキゾチックで派手な作品が得意だった。

『松葉杖の悪魔』

1836年パリで初演。振付ジャン・コラリ、台本ブタ・ド・グルギ／アドルフ・ヌリ、音楽カシミール・ジド。初演ではマジリエ、コラリ、エルスラー、ルルーらが出演した。

『ドン・キホーテ』

1869年モスクワで初演。振付・台本マリウス・プティパ、音楽レオン・ミンクス。舞台はバルセロナ。町娘キトリと床屋の青年バジルの恋の駆け引きに遍歴の騎士ドン・キホーテが加わる、現在も人気の演目。

『ラ・ジプシー』

1839年パリで初演。振付ジョゼフ・マジリエ、台本ヴェルノイ・ドゥ・サンジョルジュ／マジリエ、音楽ブノワ、アンボワーズ・トマス／マリアーニ。チャールズ2世時代の英国が舞台。セルヴァンテスの小説を台本としている。

クラコヴィエンヌ

ポーランドのクラクフ地方で生まれた2/4拍子の情熱的な踊り。カップルまたは大勢で踊られる。シンコペーションのきいたリズムで足を踏み鳴らし、かかとをカチカチと打ち合わせる。ロマンティック・バレエに取り入れられ、名花エルスラーによって有名になった。

ロマンティック・バレエ人気の頂点
『パ・ド・カトル』

　しかし、スターはもちろん、2人だけではありませんでした。ロマンティック・バレエ時代の頂点ともいえる1845年に初演された『パ・ド・カトル』（4人の踊り、もしくは4つの踊り）を考えるといいでしょう。そもそも、この作品が創作されたのは4人のスターがいたからでした。今のプロデューサーでも考えそうなことですが、スターがたくさんいるのだから一堂に集めてはどうだろうかという発想から創られたバレエ作品だったのです。

　出演したのは、マリー・タリオーニ、カルロッタ・グリジ、ルシル・グラーン、ファニー・チェリートで皆ロマンティック・バレエの大輪の花といえるダンサーたちでした。

　今でも必ずロマンティック・バレエ時代といえば例に出される有名な作品ですが、実は6回しか上演されておらず、しかもルシル・グラーンは2回出演せず、実際にオリジナルの4人のダンサーで上演されたのはわずか4回の作品なのです。今も昔も大スターを同じ舞台で踊らせるのは苦労がつきまとったようです。

　それにもかかわらず本作が有名であり続けている理由の一つには多くの舞台版画が摺られたことも挙げられます。まだ写真が一般化していなかったので、当時の版画はブロマイド的な役割も果たしていましたから、スターが4人揃えば売れるというリアルな側面もあったのでしょう。もちろん作品が時代を代表するダンサーを集めたという事実は賞賛に値しますし、スターの共演という現代的な興業だったと言うこともできます。

　ちなみに、現在上演されている同タイトルの作品は、後にバレエ・リュスのスターであったアントン・ドーリンによる振付で、このロマンティック・バレエ時代の『パ・ド・カトル』とはまったく別の作品です。版画に描かれたいくつかのポーズはなぞっていますが、舞踊譜が残されておらず原振付がわからないのです。

『パ・ド・カトル』

1845年ロンドンで初演。振付・台本ジュール・ペロー、音楽チェーザレ・プーニ。初演されたハー・マジェスティーズ劇場支配人ベンジャミン・ラムリーが大変な人気を誇ったバレリーナのスター性に目をつけて注文した作品。

カルロッタ・グリジ

［1819～1899年］

イタリアのダンサー。8歳でデビューした後、踊り続け、1841年初演の『ジゼル』主演でその名声は決定的なものとなる。パリ・オペラ座では41～49年の間、活躍した。

ルシル・グラーン

［1819～1907年］

国外で成功した初めてのデンマーク出身ダンサー。36年『ラ・シルフィード』をコペンハーゲンで主演。ブルノンヴィルの寵愛を受けるが、1839～40年パリ・オペラ座バレエ団に加わり、エルスラーのライバルと目された。

ファニー・チェリート

［1817～1909年］

イタリアのダンサー。ペロー、ブラジス、サン゠レオンに師事し、1832年に舞台デビュー。その後、20年間にわたって活躍した。45年サン゠レオンと結婚（1851年離婚）。1847～1854年パリ・オペラ座で踊る。アレクサンドル2世の戴冠式記念ガラ公演出演時に起きた舞台事故の怪我によって57年引退。晩年は寂しく、1909年の訃報すら新聞に載らなかったという最期だった。

アントン・ドーリン

［1904～1983年］

イギリスのダンサー、振付家、芸術監督。P112参照。

タリオーニ、グリジ、チェリート、グラーンの4大スターが互いの魅力を競った『パ・ド・カトル』。ロマンティック・バレエ時代の最盛期を物語る作品。（図版＊）

©Seto Hidemi

Column

舞台版画のイメージから創られた現代版

1845年『パ・ド・カトル』を振り付けたペローはスター4人のそれぞれの魅力を十分に引き出し、個性を見せたが、6回の上演後、再演されることはなかった。ノーテーション（舞踊記譜）を残さなかったため原振付は失われた。その後1936年にマルコワ＝ドーリン・バレエ団が、また1941年にドーリン振付によりアメリカン・バレエ・シアターが再構成する。現在上演されているものは41年版である。

さて、この『パ・ド・カトル』に出演していたダンサーはどのような人たちだったのでしょうか。いずれもロマンティック・バレエを代表するダンサーであったことは確かです。

マリー・タリオーニはすでに触れた通りです。タリオーニのライバルのエルスラーが出演していないのは、依頼がなかったとも出演したくなかったからだともいわれています。実際、公演のあった頃は米国ツアーに出ていました。

カルロッタ・グリジは『ジゼル』を初演したことでも有名なダンサーです。ミラノ・スカラ座の出身で、ナポリでジュール・ペローに出会ったことで運命が変わりました。後にペローの妻になりますが、彼の後ろ盾でパリ・オペラ座のダンサーとなり、『ジゼル』が初演されたのです。この『ジゼル』はロマンティック・バレエが衰退した後もロシアでプティパによって改訂されて生き延び、現在でももっとも頻繁に上演されるロマンティック・バレエ時代の作品となっています。そのため、彼女の名前も初演者として残ることになったのです。

ファニー・チェリートはイタリアで生まれ、ジュール・ペロー、カルロ・ブラジス、アルチュール・サン=レオンといった後にロマンティック・バレエ時代の重要な存

ジュール・ペロー
[1810〜1892年]
フランスのダンサー、振付家、バレエ・マスター。1819年からリヨンで学んだ後、「舞踊の神」オーギュスト・ヴェストリスに師事。パリやロンドンの劇場で活躍後、1830年パリ・オペラ座にデビュー。すぐにマリー・タリオーニのお気に入りの一人となったが、契約をめぐるトラブルで3年後に去る。グリジと公私共にパートナーとなり、41年『ジゼル』初演ではグリジのソロを全部振り付ける。ヨーロッパ各国の劇場で踊り手、振付家として活躍する。

カルロ・ブラジス
[1795(97)〜1878年]
イタリアのダンサー、振付家、教師、バレエ技法を体系化した理論家。

アルチュール・サン=レオン
[1821〜1870年]
フランスのダンサー、振付家、バレエ・マスター、教師。初めて手掛けた振付でファニー・チェリートを主役に起用。45年結婚。44年『ラ・ヴィヴァンディエール』、47年『大理石の娘』をチェリートに振り付け、パリ・オペラ座で成功する。51年の離婚に伴って翌年パリ・オペラ座を離れる。59年サンクトペテルブルクのバレエ・マスターに就任し『せむしの仔馬』を振り付けたりロマンティック・バレエ作品を上演するなど活躍。パリに戻り、70年『コッペリア』を初演。（図版＊）

『ポルカ』を踊るカルロッタ・グリジとジュール・ペロー、1845年頃。

カルロッタ・グリジ

［1819〜1899年］

振付家ジュール・ペローとロマン主義
を牽引した文学者テオフィル・ゴーティ
エのミューズでもあった。そこから生
まれた『ジゼル』は主演したグリジに
とってもロマンティック・バレエ史上
にとってもエポックメイキング的作品。
上は『ラ・シルフィード』を踊るグリジ。
P44参照。（図版＊）

在となるダンサー、振付家とともに学びました。サン=
レオンとは後に結婚することになります。官能的な役を
得意とし、『アルマ、あるいは火の娘』『オンディーヌ』『ラ・
ヴィヴァンディエール』といった作品で有名になりまし
た。特に『ラ・ヴィヴァンディエール』は酒保の娘とい
う意味で、軍隊の売店でお酒を注いで回る、今の言葉で
いえば軍隊専属のホステスのような役で、上半身は軍服
風というエルスラーの「カチュチャ」を彷彿させる衣裳
でもあり、その快活な踊りと少しセクシーな役というこ
とで絶大な人気を誇りました。

　ルシル・グラーンはコペンハーゲン
に生まれたダンサーで、ロマン
ティック・バレエ時代のデンマーク
の最も重要なダンサーです。『ラ・
シルフィード』をデンマークで初演
したことでも有名で、パリで踊った
後にはサンクトペテルブルクを含め
欧州各地の劇場で主役としてゲスト
出演を果たしています。

　こうしてざっと彼女たちの経歴を
読んで気がつくのは、パリ・オペラ
座を中心として頂点を迎えたロマン
ティック・バレエ時代のダンサーた
ちの多くが、パリでの教育の結果生まれた踊り手ではな
いことでしょう。バレエの中心地がパリへ移動しても、
発祥の国イタリアの教育は優れていて多くのダンサーを
この後も生み出していますし、この時代も同様でした。
パリ・オペラ座バレエ学校出身で当時大変な人気を誇っ
たダンサーにポリーヌ・ルルーという人もいます。美し
い容姿も相まって多くの版画に残されていますし、人気
もあったようです。しかし、「パリ・オペラ座にスター
はいない、いるのはポリーヌ・ルルーだけ」と言われて
しまうありさまでした。彼女の名誉のために言い添えて
おけば、ルルーは第一舞踊手（当時のパリ・オペラ座の
最高位）ではあったのですが…。

『アルマ、あるいは火の娘』
1842年ロンドン初演。振付チェリー
ト／ペロー、音楽G. コスタ。この台
本をその後サン=レオンが書き換え、
チェーザレ・プーニが音楽に手を入れ
たものが『大理石の娘』(47年)となる。

『オンディーヌ』
1843年ロンドン初演。振付ペロー、
音楽チェーザレ・プーニ。水の精が結
婚を控えた漁師に恋をし、誘惑しよう
と婚約者になりますが、人間の姿に
なったため衰弱して死んでしまうとい
う筋書き。

ルシル・グラーン
[1819〜1907年]
デンマーク王立演劇学校に学び、後に
パリで学びオペラ座でも活躍した。上
は『ラ・ジプシー』でポーランド発祥の
舞踊「クラコヴィエンヌ」を踊るグラー
ン。帽子やマントなど、衣裳もまた異
国情緒を漂わせる。P44参照。（図版＊）

ポリーヌ・ルルー
[1809〜1891年]
パリ・オペラ座バレエ学校で学び、
1826〜37年、40〜44年パリ・オペラ
座で踊るが、ロンドンなど世界各地で
も活躍した。『誘惑』『ナタリー、また
はスイスの乳搾り娘』『恋する悪魔』な
どに出演。

『ラ・ヴィヴァンディエール』

1844年ロンドン（ハー・マジェスティーズ劇場）初演。振付・台本サン゠レオン／チェリート、音楽チェーザレ・プーニ。この作品はハンガリーが舞台。酒保の娘（ヴィヴァンディエール）として働くカーチと恋人ハンスの恋物語。カーチに扮したファニー・チェリートの版画が多数描かれており、『ラ・ヴィヴァンディエール』が彼女の当たり役だったことが偲ばれる。（図版＊）

女性優位のロマンティック・バレエに
フランスを去る男性ダンサーたち

　ここまでほとんど女性ばかりを取り上げてきましたが、実際ロマンティック・バレエというのは完全に女性ダンサー優位の時代でした。そのため、男性ダンサーの登場の機会が極めて少なくなっていくという問題もはらんでいました。『ジゼル』の台本作家としても名を残し、大変なバレエマニアでもあったテオフィル・ゴーティエは「男の太い首など舞台で見たくない」と暴言とも取れる発言をしたともいわれますが、それがきっかけというよりはそうした女性バレエ・ダンサーファンのニーズも強かったのでしょう。

　ジョゼフ・マジリエや「空気のペロー」とまで評されたジュール・ペローといった優れた踊り手はいましたが、男性スターを中心とした作品がなくなり、男性の役を女性が踊るということが頻繁に行われるようになり、多くの踊り手たちがヨーロッパ諸国やロシアへと活動の地を移していったのでした。

　女性だけが出演する作品ばかりが上演されるようになるなか、話題を呼ぶ新作は生まれなくなり、ロマンティック・バレエ初期の魅力的な作品も上演が減ってきてしまいました。『ジゼル』はこの時期に生まれた恐らく一番有名な作品ですが、それすら1868年以降パリでは上演されなくなってしまったのです。それがどうして現在も見られるのか……という話はまた次章で紹介しますが、フランスではバレエは衰退に向かっていってしまうのです。

　人によって若干解釈が違いますが、ロマンティック・バレエ最後の作品は『コッペリア』とするのが妥当でしょう。これは今も上演されている作品ですが、初演から1950年代末まで男性登場人物のフランツは女性によって演じられていたのです。振付も現代のものとだいぶ違ったであろうことは想像できます。

　そうした事情にもかかわらず、ロマンティック・バレエがある程度伝わったのは、パリのロマンティック・バレエに憧れ、それを自分の手で上演し、新しい作品も多数振り付けたオーギュスト・ブルノンヴィルによるということも忘れてはなりません。ブルノンヴィル作品はデ

グリジが当たり役としたのがロマンティック・バレエの至宝『ジゼル』。上の版画は第1幕、村娘の衣裳姿。

ンマークで継承され続け、フェスティヴァルも10年ごと
に開催され、失われた作品の再現も試みられています。
他の新しいバレエスタイルの影響を比較的受けずに残っ
ているブルノンヴィルのロマンティック・バレエ作品は
貴重な生きた資料であるともいえるのです。

LE THÉÂTRE ILLUSTRÉ

『コッペリア』
1870年パリ・オペラ座初演。振付サン
゠レオン、音楽レオ・ドリーブ。原作
はE.T.A.ホフマンの小説『砂男』だが、
原作の不気味さに対してバレエは軽い
喜劇タッチで村娘スワニルダと青年フ
ランツの恋物語に人形作りのコッペリ
ウス博士の物語が組み込まれて展開。
現在も世界中で踊られる作品だが、サ
ン゠レオンの原振付はほとんど残って
いない。（図版＊）

今も踊られるブルノンヴィル振付の『ナポリ』。デンマーク・ロイヤル・バレエ団公演より。©Seto Hidemi

スパニッシュ・ダンスとバレエの関係

バレエを見ていると、多くの作品にヨーロッパから見た異国的な要素が登場します。そのなかでもたびたび登場するのがスペイン、具体的にはフラメンコ的な衣裳、振付ではないでしょうか。

バレエが生まれたと同時に、バレエは「異国」の踊りを取り入れ始めていますが、定着したのはロマンティック・バレエの時代です。なかでもスペインは地理的に近いこともあり、それなりにリアルに描かれた「異国」だったのです。ロマン主義文学は物語をこの世のものではない場所、遠い「異国」を舞台として選ぶことが多く、それがバレエにももたらされたのです。実際、ロマン主義文学の作家たちはイタリア、スペインといった国々を旅し、行ったことのない中国、日本、トルコを夢見ながら執筆しました。

女性の踊りはフラメンコから着想を得たことは明らかで、衣裳、カスタネットや扇子といった小物、そして身体をそらせる動きや腕の独特の動きが取り入れられています。

ロマンティック・バレエ時代の作品では、例えば有名な『松葉杖の悪魔』の中の踊り「カチュチャ」ではカスタネットを使い、衣裳にもフリルが多用され、スペイン的要素がふんだんに盛り込まれています。このロマンティック・バレエ時代にはスペイン風の衣裳を男女ともに身にまとった『ル・ボレロ』(1834)、『ラ・ジターナ(ラ・ヒターナ)』(1838)など多数の作品も生まれています。そして続いてバレエの中心地となったロシアでもプティパ振付の『ドン・キホーテ』はスペインを舞台とした作品ですし、『ライモンダ』は作品の舞台設定は中世フランスですが、サラセンの騎士やスペインの踊りが登場します。お馴染みのチャイコフスキー3大バレエでは、ディヴェルティスマンの場面に必ずスペインの踊りが登場しています。それに続くディアギレフのバレエ・リュスの時代には、スペイン人ピカソが参加しますが、第1次世界大戦時にはバレ

『ドン・キホーテ』モスクワ1890年代。（図版＊）

『三角帽子』より。バレエ・リュス時代にピカソが美術、衣裳を手掛けた。

『ドン・キホーテ』第1幕では闘牛士の踊りをはじめ、スペインならではリズムの音楽と踊りが繰り広げられる。グルジア国立バレエ団公演より。© Seto Hidemi

エ・リュスがスペイン王アルフォンソ13世の庇護を受けたこともあり、スペインの風俗やテーマを取り込んだ作品が多く上演されました。ヘミングウェイらが熱狂したようなスペイン・ブームがパリを席巻したのも1920年代でした。

ディアギレフのバレエ・リュスで、初めてフラメンコが「舞台作品」として上演されたのは1921年、ピカソの美術・衣裳による『クァドロ・フラメンコ』でした。ダンサーにはフラメンコ・ダンサーのマリア・ダルバイシンらを迎え、アンダルシアの土着的な踊りが披露されたのですが、本物のフラメンコがピカソの手によって作品となり、劇場の舞台に上げられたのは重要なことでした。当時、フラメンコは酒場で踊られるもので、劇場で見るようなものではなかったからです。

バレエにおけるスパニッシュ・ダンスで、今後検証の必要があるのは男性の踊りでしょう。ご存じのように男性の踊りには闘牛士の動きが取り入れられています。衣裳も闘牛士の身体にぴたっと合った華やかな刺繍で彩られたものですし、手に持ったムレータ（牛を興奮させるための半円に近い形の布）や短剣（牛の耳や尾を切り取る時に使う）など小物も闘牛からです。元々、闘牛は音楽が演奏されるなかで行われ、非常に劇場的なものですから、これがバレエに変容したことに違和感はありません。ですが、バレエ史上まったく舞踊ではないものが、これほど一つの舞踊ジャンルとして定着したのはほかに例がなく、プティパがいかにスペインで魅了されたとはいえ、その振付への導入の経緯はよくわかっていないのです。

フランスのロマンティック・バレエの時代

1822年 ―――― 1870年

1822年	◆舞台照明が灯油ランプからガス灯に変わり、調光の自由度が増した
	◆オペラ『アラジンあるいは魔法のランプ』で初めてガス灯照明が使われる（パリ・オペラ座）
1827年	◆マリー・タリオーニ、パリ・オペラ座デビュー
1828年	・長崎でシーボルト事件が起こる
1830年	・フランス7月革命
1831年	◆パリ・オペラ座私企業となる
	◆『悪魔のロベール』初演
1832年	◆『ラ・シルフィード』初演
1834年	◆ファニー・エルスラー、パリ・オペラ座にデビュー
1836年	◆『松葉杖の悪魔』初演（「カチュチャ」）
	◆『ダニューブの娘』初演
1839年	◆『ラ・ジプシー』初演（「クラコヴィエンヌ」）
1840年	・清、イギリス　アヘン戦争（〜1842）
	◆カルロッタ・グリジ、オペラ『ラ・ファヴォリータ』でパリ・オペラ座にデビュー
1841年	◆『ジゼル』初演
1843年	◆『ラ・ペリ』初演
	◆『オンディーヌ』初演
1844年	◆『エスメラルダ』初演
	◆『ラ・ヴィヴァンディエール』初演
1845年	◆『パ・ド・カトル』初演
1846年	◆『パキータ』初演
1847年	◆『大理石の娘』初演
1849年	◆『悪魔のヴァイオリン』初演
1856年	◆『海賊』初演
1860年	◆『パピヨン』初演
1861年	◆オペラ『タンホイザー』パリ初演でバレエを序曲に入れ大失敗
1863年	◆エンマ・リヴリー死去
1870年	◆『コッペリア』初演

Chapter
4

チャイコフスキー
3大バレエの誕生

Tchaikovsky & Grand Ballets : Imperial Russian Ballet

フランスでのバレエの変質
ロマンティック・バレエの衰退

　バレエはその時代時代で中心地を移しながら発展してきた芸術です。16世紀イタリアで生まれたバレエは、19世紀初めロマンティック・バレエの時代、フランスに中心を移し繁栄しましたが、バレエ教育は各地で脈々と続いていました。現在のバレエの基礎といえる部分がフランスで確立した後、活動の中心はロシアに移動してそこで名作の数々が生み出されることになります。もちろんロシアが中心になったとはいっても、フランスでのバレエ上演がすっかり途絶えたわけではなく、舞台活動は連綿と続けられ、バレエ・ファンも存在し続けていました。

　しかし、フランスでのバレエの在り方は大きく変わってゆきました。パリ・オペラ座は1831年に私企業になりましたが、その影響は功罪両面があったのです。スターを必要としたため、マリー・タリオーニに対して別の個性を持ったファニー・エルスラーが呼ばれ、バレエ・シーンが盛り上がり、新しい作品も生まれました。しかし、一方で年間定期券（アボネ）を購入してもらうために、フォワイエ・ド・ラ・ダンスと呼ばれるウォーミングアップエリアを開放したのです。高額な年間定期券を購入することで、若くて美しい女性ばかりの舞台バックヤードに入れることは大きな魅力でしたし、ファンにはたまらない特典だったことでしょう。当時、観客の中心は男性でしたので、彼らはお気に入りのダンサーに贈り物をし、食事に誘い、場合によってはより深い関係になるということも起きたのです。舞台でアクセサリーも自由につけられた時代ですから、ダンサーたちはプレゼントにも

マリー・タリオーニ
［1804〜1884年］
ロマンティック・バレエを代表するダンサー。1832年初演の『ラ・シルフィード』で大成功する。P26参照。

ファニー・エルスラー
［1810〜1884年］
オーストリアのダンサー、振付家。1834〜40年パリ・オペラ座に在籍、名実ともにタリオーニの良きライバル。P42参照。

フォワイエ・ド・ラ・ダンス
パリ・オペラ座の舞台裏手にあるウォーミング・アップのための場所。19世紀、特にヴェロン博士が支配人時代にはアボネ購入の紳士たちがダンサーと会うために足しげく通った。現在のオペラ座にも場所は残っている。

建築家ガルニエの名前に因みガルニエ宮とも呼ばれる現パリ・オペラ座の威容。以前はル・ペルティエ街にあったが、73年火災で全焼。オスマン男爵のパリ都市計画にともない今の場所に移った。

らったアクセサリーをつけて踊り、客席の贈り主が満足し、時に人に自慢しつつ舞台を見るというような環境になってしまったのです。

　実は、この時代のバレエを描いたのが有名なエドガー・ドガなのです。彼は1870年代からダンサーの絵を描き始めますが、ドガの作品を見ているとあることに気づきます。何人かはその対象が特定されてはいますが、基本的にダンサー個人が誰かがわかりにくい描写であること、そして舞台が正面からよりも圧倒的に舞台袖、オーケストラピットからといった舞台正面ではないところから描かれているのです。もちろんドガの絵画自体が芸術作品ですから、その視線がすべてを物語ると単純に考えることはできませんが、当時のバレエの見られ方、とらえられ方の一端を示しているといえるのではないでしょうか。

1875年落成したパリ・オペラ座の柿落とし公演で大階段に集う正装姿の人々。

　日本ではとりわけバレエというとドガの絵が登場することが多いのですが、実はその時代はロマンティック・バレエが衰退に向かっている時期でもあるのです。

　こうして女性ばかりがバレエの中心となり、男性の役すら女性が踊ることが一般化し、技術的にも制約ができたために、上演され続けるような作品が生まれなくなると、バレエはその中心地をロシアへと移していきます。いわば、フランスでバレエが衰退しつつあったために中心地が移動し、19世紀後半の帝室ロシアがバレエに豊かな実りをもたらすのですから、歴史というのは本当に面白いものです。

　もちろん、それは誰かの意図ではなく、歴史の大きなうねりのようなものでした。

エドガー・ドガ

［1834〜1917年］

印象派を代表する画家として、また「バレエの画家」として知られるドガはそれまでの伝統であった歴史的英雄や神話、貴族などの絵の題材ではなく自分の同時代19世紀のパリを舞台にさまざまな人物像を描いた。特に幼い頃、オペラ座に足を踏み入れて以来、バレエに惹かれ、ダンサーたちの世界を生涯変わらぬテーマとして描き続けた。視力を失った晩年は彫刻も手掛け、チュール製のチュチュを着せた彫刻《14歳の小さな踊り子》は有名。またその彫刻をモチーフにしたバレエ作品『ドガの小さな踊り子』(2003年初演)がパリ・オペラ座のレパートリーにもなっている。

《緑の踊り子》

肖像画的な手法ではなく、ダンサーたちの一瞬一瞬のきらめくような生の瞬間を切り取って描いた画家ドガ。構図の斬新さ、また衣裳の軽やかさをパステルで表現した。本作は髪をおろし、舞台衣裳のチュチュを着けたダンサーたちの本番前のバーレッスンだろうか、バックステージの様子を描いたもの。1878年／個人蔵

《エトワール》

ドガの代表作。エトワールとはフランス語で「星」の意で、パリ・オペラ座のプリンシパルのなかでも花形スターに与えられる称号。舞台背後の左手に黒い服装の男性の姿が描かれているが、これは当時、フォワイエ・ド・ラ・ダンスだけでなく劇場バックヤードにも自由に入れたダンサーのパトロンかもしれない。1876～1877年／オルセー美術館蔵

19世紀後半のロシア帝室バレエの立役者
プティパはなぜロシアに渡ったのか

グリジの相手役として大いに活躍したリュシアン・プティパの弟マリウスが帝室ロシア時代のバレエの立役者となります。歴史に"If（もしも…）"を言ってはいけませんが、男性ダンサーがフランスで十分に活躍の場があったとしたら、彼がロシアへ渡ることもなかったでしょう。

19世紀後半、ロシアでバレエは完成した、といわれますが、ロマンティック・バレエの時代と比較して大きな変化がありました。

一つは衣裳です。チュチュはさらに短くなり、脚がほとんどすべて見えるようになったのです。これはトウの技術が進んだため、いや、その逆である…ともいわれますが、初めて32回フェッテを回るようになるなど、この時期に技術が大幅に進歩しました。また、マリウス・プティパによって全幕の長いグラン・バレエが完成したのもこの時代でした。そして、グラン・バレエが完成したのと同時に、パ・ド・ドゥの形式も完成したのでした。いわゆる全幕もののバレエ作品はこの時代に生まれたのです。ディヴェルティスマンは以前からありましたが、この時期、全幕作品に組み込まれるようになりました。

ではロシア帝室バレエの立役者であるマリウス・プティパという人は、どのような人物だったのでしょうか。彼はフランスの有名なバレエ一家であるプティパの一族に生まれ、兄のリュシアン・プティパはロマンティック・バレエ時代に活躍したダンサー・振付家でした。兄リュシアンはカルロッタ・グリジの相手役として『ジゼル』『ラ・ペリ』などのロマンティック・バレエを代表する作品を踊ったことでも知られています。

マリウス・プティパもダンサーとして活躍を夢見て、ボルドーでデビューを飾った後、ナント、ニューヨーク、パリ、スペインで踊りましたが、すでにロマンティック・バレエも衰退に向かいつつあり、何より男性ダンサーの活躍の場は大きく狭められていた時代でした。そうしたなか、帝室が潤沢な資金をバレエにつぎ込んでいたロシアのティテュスからのダンサーとしての招きに応じたのでした。

ロシアに渡るのは当時、決して珍しいことではありませんでした。有名なダンサーたち、タリオーニ、エルス

マリウス・プティパ
［1818〜1910年］

フランスのダンサー、振付家、バレエ・マスター。『白鳥の湖』『眠れる森の美女』など19世紀後半クラシック・バレエ最大の作品を創作。『くるみ割り人形』は病気のため舞台制作が続けられず、途中から助手イワノフに振付を委ねた。

グラン・バレエ

物語（筋書き）のある何幕かの場面構成を持つクラシック・バレエ作品を指す。

パ・ド・ドゥ

一般に男女2人によるデュエット。プティパが確立したグラン・パ・ド・ドゥ形式では最初に男女2人が一緒に踊り（アダージョ）、続いて男性、次に女性が1人で踊り（ヴァリエーション）、最後は2人の踊り（コーダ）となる。

ディヴェルティスマン

物語とは関係のない余興の踊りといった意味で使う。『白鳥の湖』第3幕、『眠れる森の美女』第3幕で踊られる各国の踊りなど。P84参照。

リュシアン・プティパ
［1815〜1898年］

父はやはりダンサーのジャン゠アントワーヌ・プティパ。マリウスは弟にあたる。パリ・オペラ座のバレエ・マスターとして振付作品も残している。

カルロッタ・グリジ
［1819〜1899年］

イタリアのダンサー。P44参照。

『ラ・ペリ』

1843年パリで初演。振付コラリ、台本ゴーティエ、音楽ブルクミュラー。東洋風ファンタジーで詩人が阿片による幻覚のなかで妖精の女王に出会い、恋に落ちるという物語。

アントワーヌ・ティテュス
［1780〜1860年頃］

フランス出身のダンサー、振付家。ベルリン宮廷歌劇場バレエ・マスターとして活躍し、その後ロシアに移る。パリ初演の『ジゼル』をロシアに伝えた。

ラー、グリジ、グラーンはみなロシアで踊っていました。なかでもマリー・タリオーニは1837年から1842年までロシアに滞在し、ロマンティック・バレエ初の作品ともいえる『ラ・シルフィード』や、それとはまったく逆の個性を持つ作品『ラ・ジターナ』を上演するなど、ロマンティック・バレエ時代の名作を次々に上演したのでした。

　つまりロシアではフランスで上演されたほとんどのロマンティック・バレエ作品が、少しだけ遅れて上演されていたのです。

ルシル・グラーン

［1819〜1907年］
デンマークのダンサー。P44参照。

『ラ・ジターナ（ラ・ヒターナ）』

1838年サンクトペテルブルク、ボリショイ劇場で初演。振付・台本フィリッポ・タリオーニ。誘拐されてジプシーに育てられた公爵の娘が主人公。

バレエ・リュス

1909〜1929年パリを中心に欧州各地でオペラとバレエ公演を行ったツアリング・カンパニー。ロシア人興行師のディアギレフが主宰した。第5章参照。

ロシア帝室バレエの中心地となる
サンクトペテルブルク

　ここで少しロシアにおけるバレエについて触れておきましょう。私たち日本人からはあまりピンと来ないかもしれませんが、元々ロシアは自分たちの国を「西欧の東方」と位置づけており、一方欧州はロシアを「西欧の田舎」と考えていたところがあります。後にバレエ・リュスが登場した時のパリの観客の驚嘆と熱狂の背景には、自分たちが「田舎」と思っていた国から実に洗練された技術を誇るバレエがやってきた、という驚きもあったのです。

ヴァチカンを模したカザン大聖堂。サンクトペテルブルクはヨーロッパに倣った建築、都市デザインがなされた。

ネヴァ川沿いのデルタ地帯に築かれたサンクトペテルブルク。ロシア近代化の父、ピョートル大帝が1712年モスクワから遷都。ヨーロッパに開いた窓として、芸術の中心地だった。

そもそもバレエの中心地となったサンクトペテルブルクは18世紀にピョートル大帝によって〝西欧文化を受け入れる窓〟という位置づけで築かれた都で、西欧文化に対する方向性は以後も一貫していました。西欧のなかでもロシアはフランスこそ芸術の都、そこから学ぼうという真摯な姿勢があり、それゆえ王侯貴族らの所属する社交界の日常語はフランス語でした。ですから、フランスからの文学やニュースは翻訳を必要としなかったのです。この語学の問題もフランスからの作品、人物が活躍しやすい土台となったのでした。

帝政は都市計画といった大きな側面から、文化芸術まで広く及び、なかでも舞台芸術を愛好し、オペラ、バレエを庇護しました。そして、外国からの芸術家も広く受け入れたのです。

ロシアで初めてバレエが上演されたのは1673年。そして学校が開かれたのはその65年後の女帝アンナ・イヴァノヴナの時代、1738年のことでした。女帝の命で招待されたフランス人のジャン＝バティスト・ランデによるもので、フランスのバレエ教育と同じシステムが取られました。2年後には帝室バレエ団も創設され、現在まで続いています。次の女帝エリザヴェータも文化芸術を手厚く保護し、ウィーンからオーストリア人ヒルファーディングが招かれ、バレエ・ダクシオンが導入されました。また、エリザヴェータの治世のもと、貴族を中心とした産業発展が奨励され、ウォッカ醸造権も貴族のものとされました。ディアギレフ家が財をなしたのはこのウォッカ醸造でしたから、エリザヴェータの治世がなければバレエ・リュスも生まれなかったかもしれません。その他、サンクトペテルブルクをはじめ各地に多くの宮殿を建築、改築しました。王侯貴族文化の中で育まれていたバレエはこの時代も帝室の庇護のもと、華麗に花開いていたのです。続いてピョートル3世の死後、帝位に就いたエカチェリーナ2世もバレエを愛し、今度はイタリア人ダンサーのアンジョリーニを招きました。

ネヴァ川に建つ帝室ロシアの冬宮、現エルミタージュ美術館。

女帝アンナ・イヴァノヴナ
[1693〜1740年]

ロマノフ朝第4代ロシア皇帝。政治的には無能でその治世は「ロシア史の暗黒のページ」ともいわれる。一方、イタリアの音楽家や劇団を招聘するなど西欧文化の吸収に積極的だった。

ジャン＝バティスト・ランデ
[生年不明〜1748年]

フランスのダンサー、バレエ・マスター。パリ、ドレスデンで踊り、ストックホルムでは王室バレエ・マスターを務める。1734年ロシアに行き、38年舞踊学校設立に貢献。後のサンクトペテルブルク帝室バレエ学校のもととなった。

帝室バレエ団

ランデのもと組織されたバレエ団はサンクトペテルブルクとモスクワの宮中の宴席の余興にバレエを踊る。ランデ没後、サンクトペテルブルクの旧歌劇場でバレエ作品上演が引き継がれ、帝室が継続して保護した。

女帝エリザヴェータ
[1709〜1762年]

ピョートル大帝の娘。ロマノフ朝第6代ロシア皇帝。オーストリア継承戦争に関与し、ロシアの国力誇示を図る。フランスの宮廷文化を持ち込み、エカチェリーナ宮殿、エルミタージュ宮殿など豪華な宮廷群を造営。

フランツ・ヒルファーディング
[1710〜1768年]

オーストリアのダンサー、教師。1758年、振付家、バレエ・マスターとしてロシアに行き、帝室劇場で『花神、北風神に勝つ』など多数の作品を上演。

バレエ・ダクシオン

物語を語る一貫性のあるバレエ。

ディアギレフ家

20世紀初頭にバレエ・リュスの旋風を起こした興行師セルジュ・ディアギレフ[1872〜1929年]は、ロシア貴族の家に生まれた。P88参照。

女帝アンナ・イヴァノヴナの時代、ロシアではバレエが盛んになる。上はジャン=バティスト・ランデの行った公演のためのチケットで、版画としても非常に美しい。（図版＊）

啓蒙君主、エカチェリーナ2世はヨーロッパの芸術文化を愛した。

ピョートル3世

［1728〜1762年］

ロマノフ朝第7代ロシア皇帝。親プロイセンの政策を取ってロシア軍部に逮捕され、妻のエカチェリーナ2世に帝位を奪われる。

エカチェリーナ2世

［1729〜1796年］

ドイツ公女に生まれ、ロシア皇太子妃となるが、クーデターによりロマノフ朝第8代ロシア皇帝の座に就く。フランスの啓蒙思想家たちと交流し、文化興隆に努めた。

ガスペロ・アンジョリーニ

［1731〜1803年］

P24参照。

そうした実際上の関係だけではなく、バレエ史上大変重要な書籍でもあるノヴェールの『舞踊とバレエについての手紙』の新版も実はアレクサンドル1世の下賜金によって弟子のシャルル・ル・ピックが出版するなどさまざまにバレエの発展を支えたのはロシア帝室だったのです。

そうしたなか、帝室バレエのメートル・ド・バレエはフランス人が続きます。ディドロが1801年から1811年まで就任し、多くのバレエ作品を上演します。続く、ニコライ1世の時代、ディドロの辞任後は一時的にバレエも停滞しますが、再びディドロが1816年から1830年までメートル・ド・バレエに復帰します。

その後、プティパが就任するまで、帝室バレエのメートル・ド・バレエはフランス人のアントワーヌ・ティテュス、次にジュール・ペロー、そしてアルチュール・サン゠レオンと変わりました。いずれもすでに見たようにロマンティック・バレエ時代の重要な振付家です。ペローは『ジゼル』『エスメラルダ』『妖精たちの名付け子』などパリで初演された作品を上演し、サン゠レオンは初めてロシア民話を筋とするバレエを振り付けたことも特筆に値します。プーニ作曲による『せむしの仔馬』(1864年)です。それまでロシア民話がバレエにならなかったのは少し意外な気もしますが、これが初めてロシア民話をテーマにした作品だったからこそ、後にたびたび上演されたのかもしれません。

アレクサンドル1世
［1777〜1825年］
ロマノフ朝第10代ロシア皇帝。祖母はエカチェリーナ2世。ナポレオンのロシア侵入を防いだ。

シャルル゠ルイ・ディドロ
［1767〜1837年］
フランスのダンサー、振付家、教師。ストックホルムやパリで踊る。ロシアでは帝室劇場バレエの振付のほか、教育システムを見直し、通称サンクトペテルブルク・スタイルを確立する。

ニコライ1世
［1796〜1855年］
長兄アレクサンドル1世の急逝によりロマノフ朝第11代ロシア皇帝となる。

アルチュール・サン゠レオン
［1821〜1870年］
P46参照。

『妖精たちの名付け子』
1849年パリで初演。ユーグに恋しているイゾーレだが、2人の結婚が祝福されるためにはユーグが多くの試練を受けなければならないという物語。音楽は『ジゼル』と同じくアダン。

チェーザレ・プーニ
［1802〜1870年］
イタリアの作曲家、300以上のバレエ音楽を作った。51年サンクトペテルブルクの公式バレエ作曲家となる。

『せむしの仔馬』
1864年、サンクトペテルブルクで初演。主人公イワヌシュカがせむしの仔馬の助けを得て、邪悪なハーン(汗)を倒し、数々の手柄をたてて皇帝の姫と結ばれる物語。国民的バレエとして、さまざまな版が後世誕生した。

『エスメラルダ』
1844年、ロンドンで初演。振付・台本ペロー、音楽プーニ。ユゴー『ノートルダム・ド・パリ』(1831年)をベースにしている。せむしの鐘つき男カジモドが美しいジプシーの娘エスメラルダに恋する物語。写真はエスメラルダを踊るタマラ・カルサヴィナ、1910年代。(図版＊)

ジュール・ペロー
［1810～1892年］
杖をついているバレエ教師の男性は
ジュール・ペローである。ペローは振
付家として『ジゼル』をはじめロマン
ティック・バレエ作品を多数手掛け、
ロシアではバレエ・マスターとしても
活躍した。P46参照。

《バレエの授業》
ドガによる油彩画。若いダンサーたちがレッスンを受けている様子が興味深い作品。リボンを結んだ白いレッスン着やトウ・
シューズなどが見て取れる。画面左下に緑のじょうろが置かれているのは、床のほこりをおさえるために水をまいたため。こ
うしたレッスン風景はバレエ・リュス時代まであまり変わらない。1873～1876年／オルセー美術館蔵

ロシアで踊り手として活躍後、振付家として頭角を現したプティパ、その活動

　さて、プティパがロシアを訪れたのは1847年、ティテュスがメートル・ド・バレエ時代のことでした。ティテュスと連絡を取ってプティパはロシアへ渡り、帝室劇場に第一舞踊手として雇われたのです。同年マジリエ振付の『パキータ』で初舞台を踏み、ダンサーとしても順調に活躍しました。ティテュスはロシアで初の『ラ・シルフィード』や『ジゼル』を上演するなどの大きな足跡を残しています。そうしたフランス、ロマンティック・バレエの作品にプティパはぴったりの人材であったのでしょう。しかし、彼は振付家としての活躍を最初から望んでいたといわれ、次第に頭角を現してきます。『グラナダの星』というディヴェルティスマンを初めて振り付けた後、振付作品上演を重ね、1858年に帝室バレエ学校の舞踊教師に就任した後、アルチュール゠サン・レオンの後任として1869年には首席メートル・ド・バレエに就任しその望みを果たしています。

　その後、プティパの独特の才能が開花し、認められたのは『ファラオの娘』によってでした。『ファラオの娘』に取り上げられたエジプトというテーマはナポレオンのエジプト遠征で学者の一団が同行し、ロゼッタストーンを見つけて以来しばしば、テーマとして舞台作品に取り上げられてきました。

　上演時間、4時間以上の大作を6週間という短い期間で仕上げてみせたことも彼の評判を高めたのでした。イタリア人ダンサー、ロザーティが主演しましたが、その際彼女はすでに36歳で、技術が衰えてきたことを心配していたそうですが、その不安をプティパは振付でカバーしてみせたといいます。当時主役はロシアのダンサーではなくイタリアのダンサーが主に踊ることが多かったのは、イタリア人ダンサーの技術が極めて優れていたためで、これはフランスにおいても長らく続いていたことでした。こうした点もフランス人ダンサーを受け入れると同時にフランスの「伝統」に倣ったといえるでしょう。主演ダンサーのキャスティングはロシア帝室バレエの成熟に伴って変化していきますが、チャイコフスキー3大バレエはイタリア人バレリーナによって初演されています。

ジョゼフ・マジリエ
［1797(1801)～1868年］
P50参照。

『パキータ』
1846年パリで初演。振付マジリエ、音楽エドゥアール・デルデヴェス。主演はグリジとリュシアン・プティパ。ナポレオン占領下のスペインのパキータ（ジプシー娘、実は貴族の娘）とフランス将校リュシアンの恋物語。

『グラナダの星』
1855年、プティパがロシアで最初に手掛けた振付作品。さまざまな音楽を使った。

カロリーナ・ロザーティ
［1826～1905年］
イタリアのダンサー。ローマ、パルマ、ミラノ、ロンドンの劇場で活躍。1850年代の報酬はパリ・オペラ座史上最高という人気を誇る。『パ・ド・カトル』のグラーンの代役を務め、『海賊』『マルコ・スパーダ』などマジリエ作品の初演をパリで踊り、サンクトペテルブルクのボリショイ劇場に移籍。『ファラオの娘』を引退公演としてパリに戻る。

『ファラオの娘』

1862年サンクトペテルブルクで初演。振付プティパ、台本プティパ／サン=ジョルジュ、音楽プーニ。原作はテオフィル・ゴーティエの幻想小説『ミイラ物語』である。英国のウィルソン卿とその従者が砂を避けるためにピラミッドの中に入り、阿片を吸った彼らの夢にファラオの娘アスピシアが現れて恋に落ちる…というストーリー。全3幕7場、上演時間は4時間、登場人物400人というグラン・バレエだった。長らく上演は絶えていたが、2000年ピエール・ラコットがボリショイ・バレエのため再現上演している。

『ファラオの娘』を踊るアンナ・パヴロワとシドロフ、1906年。（図版＊）

プティパが改訂した
名作バレエ

プティパは3大バレエを振り付けただけではなく、バレエの改訂も多数行っている。我々が現在ロマンティック・バレエ時代に生まれた作品を見ることができるのは彼によるところも大きく、忘れてはならないプティパの重要な功績の一つである。自らロマンティック・バレエ時代の振付で踊った『パキータ』(1881)、『コッペリア』(1884)、『ジゼル』(1884)、『エスメラルダ』(1886)、『ラ・シルフィード』(1892)などを改訂上演している。なかでも『海賊』は人気も思い入れもあったのだろう、1858年、1868年そして1899年には完全に新しいバージョンを振り付けている。初演時にはかなり冗長だったマイムシーンを減らしたり、踊りや筋を整理し全体の流れを改良、作品を蘇らせたのである。写真上は『海賊』1900年代、下はゴルスキー版『金魚』1905年頃。（図版ともに＊）

さて、1862年に初演された『ファラオの娘』は現在再現されて、完全に当時の形ではありませんが、その姿を想像することができます。ロマンティック・バレエの特徴もふんだんに取り入れられている作品でした。台本はロマン主義文学者で詩人、バレエ台本も手掛けていたゴーティエの『ミイラ物語』をベースに考えられたものでした。エジプトを発掘中の英国の探検隊が古代エジプトにタイムスリップし、王女アスピシアと恋に落ちるという物語です。追手から逃れたアスピシアが飛び込んだ川の底の世界には妖精たちの場面があるなどロマンティック・バレエ以来の伝統的要素があります。下はチュチュ、上半身はエジプト風というエキゾティックな衣裳が多数登場するのは現在のバージョンでも変わりありません。この作品は長く上演され、マチルダ・クシェシンスカヤ、アンナ・パヴロワといったダンサーたちによっても踊られることになります。大掛かりな装置と東洋趣味は観客に愛されたのです。

『ミイラ物語』
『ジゼル』台本執筆でも知られるテオフィル・ゴーティエ（P34参照）の長編小説。女性のミイラとともに発掘されたパピルスの古文書を解読した物語という趣向。モーゼの出エジプトともからめてある。

マチルダ・クシェシンスカヤ
［1872〜1971年］
ロシアのダンサー、教師。実力あるポーランド人キャラクター・ダンサー、フェリクス・クシェシンスキーの娘。マリインスキー劇場に1890年入団。95年プリマ・バレリーナ・アッソリュータという最高の称号を与えられる。ロシア人で最初に32回のフェッテを踊ったダンサーとして、また皇帝一家に近しい関係にあった女性としても知られる。写真は『エスメラルダ』を踊る姿、1900年頃。（図版＊）

続いてプティパが上演したのは4幕7場の『ラ・バヤデール』でした。これも東洋趣味とバレエ・ブランが融合したような作風で、主人公が見る幻のシーンでは白いチュチュの群舞ダンサーが次々と出てきます。こうした要素はロマンティック・バレエに続き、プティパ作品においても定番となっていたのです。

その後に上演されたのが1890年『眠れる森の美女』でした。この作品こそがエポックメイキングなバレエとなったのです。この成功があったからこそ、チャイコフスキー3大バレエが生まれることになったのです。

初演を見たバクストは後にバレエ・リュスの『眠れる森の美女』のプログラムの中で「あの夜、私の仕事は決まったのだった。舞台美術家だ！」と熱く書き記しています。またバレエ・リュスの主宰者ディアギレフもこの舞台を見たからこそ、戦後の厳しい時期にわざわざ膨大な予算と人員を必要とするこの作品の上演にこだわったのだといわれています。一度見たら忘れられない、バレエの中のバレエ、それが『眠れる森の美女』だったのです。

『ラ・バヤデール』
ロシア語で『バヤデルカ』。1877年サンクトペテルブルクで初演。振付プティパ、音楽ミンクス。古代インドが舞台で5世紀の文学作品『シャクンタラー』に基づく。勇士ソロルと寺院の踊り子ニキヤの恋愛に、領主の娘ガムザッティがからむ三角関係。写真はニキヤを踊るエカテリーナ・ゲリツェル。

レオン・バクスト
［1866～1924年］
ロシアの舞台美術家、画家。ディアギレフのバレエ・リュスに参加して、その独特のデザインで一世を風靡した。P90、98参照。

アンナ・パヴロワ
［1881～1931年］
ロシアのダンサー、20世紀の伝説的バレリーナ。1891年からサンクトペテルブルクの帝室バレエ学校で学び、99年マリインスキー劇場に入団。1902年『ラ・バヤデール』主役に抜擢される。07年『瀕死の白鳥』を踊り、生涯の当たり役となる。08年ロシアでの活動に満足できず海外公演を始める。P117、129、142参照。（図版＊）

チャイコフスキー、
大作曲家がバレエ音楽を手掛ける

　バレエには音楽という側面の才能が非常に重要でした。ピョートル・イリイチ・チャイコフスキーのような当時すでに成功していた大作曲家がバレエ音楽を手掛けたことは重要なだけでなく、異例なことだったのです。彼がいかに偉大だったかということはその死に際して皇帝アレクサンドル3世が埋葬費用を皇室で負担しただけではなく、花輪を贈り、さらに葬儀に軍楽隊を派遣し、それが一市民のために演奏した初の例だったという逸話を知るとわかりやすいかもしれません。チャイコフスキー本人が元々大のバレエ好きだったという事情も有利に働きましたが、世間一般ではバレエの音楽を手掛けるということは音楽家としては一段下に見られていました。当時すでに『白鳥の湖』がライジンガーの振付で初演され失敗に終わっていたこともあり、チャイコフスキーとしても再びバレエ音楽に向かうのは勇気のいる仕事で、制作依頼の説得には苦労もあったようです。

　そもそも、ロマンティック・バレエ時代も含めてそれまでバレエ音楽は、劇場に勤める座付きの音楽家が注文

ピョートル・イリイチ・チャイコフスキー

［1840〜1893年］

ロシアの作曲家。19世紀の最も重要なバレエ作曲家で『白鳥の湖』『眠れる森の美女』『くるみ割り人形』は3大バレエと呼ばれ、今も世界中でさまざまなバージョンにより上演されている。また、クランコ『オネーギン』、バランシン『セレナーデ』『ジュエルズ（ダイヤモンド）』など、多くの振付家がチャイコフスキーの曲にバレエ作品を振り付けてもいる。（図版＊）

を受けて書いていたのです。レオン・ミンクス、チェーザレ・プーニ、リッカルド・ドリゴといったロマンティック・バレエ時代に活躍した作曲家たちには、「引き出し作曲家」という蔑称が与えられてもいました。いつでも注文に応じて時代背景や作品全体を考えずその場その場で取り出して並べて曲にしてみせることができるということをいっているのです。

　実際、バレエありきの音楽はまず、こうしたダンス場面のための音楽を何小節で……という細かな注文を受けてそれに応えるもので、作曲家の「創作」意欲が満たされるものでは決してなかったのです。さらにバレエ作品として作曲された音楽は、演出によって短縮されたり別の場面に入れられたりしてしまうことがありました。現在でも変わっていない点もあり、チャイコフスキーの3大バレエの音楽が元の楽譜のまま上演されることは稀で、音楽の移動やカットはたびたび行われています。当時はこうしたことはもっと頻繁に行われ、例えば、ダンサーの得意な曲が、ストーリーとは関係なくただそのダンサーの魅力、得意技を見せるという目的で差しこまれたりしていたのです。

　このような事情からすでに名のある作曲家にとってバレエ音楽作曲という仕事は、決して魅力的なものではなかったのです。

　そうしたなか、マリインスキー劇場の芸術監督、イワン・フセヴォロジスキーの説得でチャイコフスキーがバレエ音楽を手掛け、そのことによってバレエは大きく花開き、発展したのでした。フセヴォロジスキーは多才な人物で、1881年にその座に就いてからの彼の活躍なしにはプティパの活躍も、チャイコフスキーのバレエへの関わりもなければ、3大バレエの誕生もなかったでしょう。彼は人を見る目に優れていただけではなく、バレエ台本作家、衣裳デザイナーとして『眠れる森の美女』『くるみ割り人形』に関わったのです。芸術監督のこうした深いコミットがあったからこそ成功したといえるでしょう。

リッカルド・ドリゴ
［1846〜1930年］
イタリアの作曲家。バレエ作品『タリスマン』『真珠』『魔法の笛』などを作曲。『海賊』を改訂編曲。また指揮者としてチャイコフスキー3大バレエの初演を務める。

『くるみ割り人形』より、〈雪の精〉の衣裳をつけた帝室バレエ団のダンサーたち。（図版＊）

イワン・フセヴォロジスキー
［1835〜1909年］
ロシアの外交官、劇場監督、美術家。1881〜99年ロシア帝室劇場支配人を務め、チャイコフスキーにバレエ作品作曲を委嘱。約25のバレエ作品の衣裳デザインにも携わり、劇場を辞めた後、帝室エルミタージュ美術館館長となる。

サンクトペテルブルクのマリインスキー劇場。その歴史は1783年に建設された帝室ボリショイ劇場にさかのぼる。その後、1860年に現在の場所に拠点を移す。

ロシア・バレエの黄金期の結晶『眠れる森の美女』より祝宴のプロローグ（ボリショイ・バレエ団）。© Seto Hidemi

ロシア帝室バレエの威信をかけた
大作『眠れる森の美女』

『眠れる森の美女』初演は1890年。ドリゴの指揮、イタリア人でテクニシャンのダンサー、カルロッタ・ブリアンツァがオーロラ姫、パーヴェル・ゲルトがデジレ王子、マリウスの娘マリア・プティパがリラの精、チェケッティがカラボスと青い鳥を演じました。フセヴォロジスキーが着想した台本はプティパとの共同で作られたもので、フランスのペローのおとぎ話を題材としたものでした。

　物語はほとんどの人が知っているでしょう。王国に待望の姫オーロラが生まれ、その誕生祝いのパーティが開かれますが、手違いで悪の精カラボスが招待からもれてしまいます。そのことに怒ったカラボスは生まれたオーロラに〝針で指を刺したら死んでしまう〟という呪いの魔法をかけます。まだお祝いをしていなかったリラの精が〝自分のできる精一杯としてその呪いを解くことはできないが、姫は死ぬのではなく100年の眠りにつく。そしてそれは愛する王子の口づけで目覚める〟と魔法をかけ直します。そして15歳のお祝いのパーティでカラボスが、オーロラが指を刺すよう仕向けます。指を刺して長い長い眠りに落ちた100年後、デジレ王子の口づけで目覚めたオーロラは他の家臣たち、友人たちとともに結婚式で祝福され、舞台は幕を下ろします。

カルロッタ・ブリアンツァ
［1867～1933年］

イタリアのダンサー。しばしばサンクトペテルブルクで客演した。初代オーロラ姫としてバレエ史にその名が刻まれている。

パーヴェル・ゲルト
［1844～1917年］

19世紀後半のロシアで最も有名な男性ダンサー。初演『眠れる森の美女』デジレ王子役を46歳で踊る。キャラクター・ダンサーに転じて舞台キャリアも驚くほど長く、引退公演は1916年『ドン・キホーテ』ガマーシュ役。

エンリコ・チェケッティ
［1850～1928年］

イタリアのダンサー、振付家。バレエ史上最も重要な教師の一人。その基本のチェケッティ・メソッドは今も世界中のバレエ学校で採用されている。

マリア・プティパ
［1857〜1930年］
マリウス・プティパの娘。1890年父が
振り付けた『眠れる森の美女』初演でリ
ラの精を踊っている。キャラクター・
ダンサーとしても人気を集めた。
（図版＊）

　これも4時間近いバレエで、今では出演することが稀
なパン屑の精などたくさんの妖精が登場しました。また、
後にディアギレフがバレエ・リュスでこの舞台を再現し
ようと試みた美術と衣裳をはじめとする帝室バレエの舞
台の豪華さは群を抜いたものでした。衣裳にも舞台美術
にも最高の技術と素材が投入され、その総額は5万ルー
ブル以上だったといいます。

　チャイコフスキー自身もこの音楽、そして上演につい
てはかなり満足しており、『エヴゲニー・オネーギン』『ス
ペードの女王』『眠れる森の美女』を自分の仕事の中で優
れたものだと友人に宛てた手紙で書いているほどです。
幸せな出会い、幸せな舞台とその成功をプティパとチャ
イコフスキーは収めることができたわけです。

　また、当時の劇場は皇帝のもので、多くの席は貴族に
よって占められ、一般的な評価とはある意味においては
無縁で、皇帝の満足を目指すことで一致していたのです。
完成度は要求されましたが、集客という点については
まったく考慮する必要がなかったのです。これは音楽家、
振付家にとっては大きな自由を意味したことでしょう。

　このバレエが現在伝わっているのは、ニコライ・セル
ゲイエフ版がノーテーション（舞踊譜）として記録され、
それを本人が亡命に際して持ち出したためで、これはバ
レエにとっては幸せなことでした。

『エヴゲニー・オネーギン』
『スペードの女王』
チャイコフスキーのオペラは未完のも
のを除いて10作品がある。『エヴゲ
ニー・オネーギン』は1879年、『スペー
ドの女王』1890年に初演。どちらもロ
シアの国民詩人プーシキンの原作。

ニコライ・セルゲイエフ
［1876〜1951年］
マリインスキー劇場バレエ団監督を務
めたが10月革命後、亡命。記録した
舞踊譜を西側に持ち出す。P13参照。

クリスマス・シーズンの人気演目
『くるみ割り人形』

　続いて1892年、上演されたのが『くるみ割り人形』です。この音楽についてチャイコフスキーは『眠れる森の美女』ほどには満足しておらず、自信がなかったのです。しかし、今では日本でもクリスマス・シーズンには大小さまざまなバレエ団や来日カンパニーによって上演されるポピュラーな作品の一つとなっています。この作品の振付もプティパによるものでした。ロマン主義作家であるE.T.A.ホフマンのこの物語はロシアでは大変人気のある物語だったのです。

　しかし、実は彼が台本のもととしたのはデュマの物語でした。それはプティパがドイツ語を読めなかったという理由もあります。パーティが開かれる家は原作のシュタールバウム博士の家ではなく、市会議員ジルベルハウスの家で、少女の名前はクララです（ホフマンの物語ではマリー。そしてクララとはマリーの人形の名前です）。

　少女クララはクリスマスの贈り物にくるみ割り人形をもらいます。夜になってそのくるみ割り人形が魔法にかけられた王子で、ねずみの王が彼に闘いを挑んだことを知り、王子を救うためにスリッパを投げるという形で行動します。そのお礼として、王子はクララをおもちゃとお菓子の国に連れて行き、彼女と結婚します。ですが、それは夢だったようでクララは目覚めてそれを知ります。

　この作品は振付途中でプティパが病に倒れたため、助手であったレフ・イワノフが多くを振り付けました。できあがった作品は完成度の高いもので、後にストラヴィンスキーはバランシンに「『くるみ割り人形』におけるチャイコフスキーのオーケストレーションに夢中でした。特に、「中国の踊り」にはそうだった」(注)と語っています。

E.T.A.ホフマン
[1776～1822年]

ドイツの文学者、作曲家。童話『くるみ割り人形とネズミの王様』からバレエ『くるみ割り人形』が、また『砂男』からバレエ『コッペリア』が生まれた。

アレクサンドル・デュマ（フィス）
[1824～1895年]

フランスの文学者。ホフマンの童話を仏語訳した『くるみ割り人形の物語』を1845年出版。この翻訳には同名の父（『三銃士』『モンテ・クリスト伯』の作者）も加わり、合作の形で完成させた。

レフ・イワノフ
[1834～1901年]

ロシアのダンサー、振付家、バレエ監督。1852年、帝室バレエに入団。プティパ振付『ラ・バヤデール』初演でソロルを踊る。82年に帝室劇場舞台監督、85年には副メートル・ド・バレエ（首席メートル・ド・バレエはプティパ）となり、92年『くるみ割り人形』、93年『シンデレラ』、95年『白鳥の湖』などでプティパの片腕として振付の手腕を発揮した。

イーゴリ・ストラヴィンスキー
[1882～1971年]

ロシアの作曲家。P91、124参照。

ジョルジュ・バランシン
[1904～1983年]

ロシア出身のダンサー、振付家。バレエ・リュスで活躍後、アメリカでクラシック・バレエ発展の礎を築いた。P113参照。

(注)『チャイコフスキー　わが愛』ジョージ・バランシン／ソロモン・ヴォルコフ　斉藤毅訳　1993年　新書館より

バレエの『くるみ割り人形の物語』初演のための衣裳デザイン。左から3つ目がくるみ割り人形。その右隣は物語の狂言回しであるドロッセルマイヤー。

初演から18年後、蘇り
永遠の名作となった『白鳥の湖』

　そして1895年、プティパとイワノフの改訂版『白鳥の湖』が上演されることになります。1877年モスクワでの初演ではドリーブによって酷評され、チャイコフスキーはリムスキー゠コルサコフに宛てた手紙の中で〝お金のための仕事だったのだ〟と言い訳している作品です。しかし、失敗したのは彼の音楽のためではなかったことは後に証明されることになります。

　ユリウス・ライジンガーによる振付が決して優れたといえるものではなかったことに加え、主役を踊ったポリーヌ・カルパコワはすでに最盛期を過ぎていただけではなく、当時のダンサーが日常的に行っていたように自分の得意な曲をチャイコフスキーの音楽に挟み込んで見せ場をつくりました。また、オデットとオディールは別のダンサーによって踊られ、ストーリーがわかりにくくなるなど台本の不備も多々あったのです。魅力的な『白鳥の湖』の音楽はずたずたにされ、多くの別の曲が差しこまれ、チャイコフスキーの音楽の流れを感じられない作品になってしまっていたのでした。

リムスキー゠コルサコフ
［1844〜1908年］
ロシアの作曲家。交響組曲『シェエラザード』にフォーキンが振り付け、バレエ・リュスの傑作の一つとなった。

『白鳥の湖』を踊るヴェラ・カラッリとアレクサンドル・ヴォリーニン。装飾的な衣裳とアクセサリーが帝室バレエの雰囲気を伝えてくれる。（図版＊）

しかし、これが再び上演されたのはチャイコフスキーの死後のことでした。1894年にまずチャイコフスキーの死を悼むマティネ公演でイワノフ振付による2幕だけがピエリーナ・レニャーニ、ゲルトによって上演されました。そして、その翌年になって1幕と3幕をプティパが振り付けたバージョンが上演されたのです。ピエリーナ・レニャーニがオデットとオディールの二役を演じ、再びゲルトがジークフリート王子を演じました。レニャーニが『シンデレラ』で披露していた32回転フェッテがこの作品の中では「黒鳥の踊り」の場面で披露され、それは現在でも引き継がれる効果的で魅力的な場面となりました。結局、この上演は大成功を収めましたが、残念ながら1893年にこの世を去ったチャイコフスキーが目にすることはなかったのです。

ピエリーナ・レニャーニ
［1868〜1930年］

イタリアのダンサー。1893年サンクトペテルブルクに行き、1901年までマリインスキー劇場のプリマ・バレリーナを務め、プティパのために数多くの役を初演で踊る。1895年『白鳥の湖』のほか、98年『ライモンダ』、1901年『ラ・カマルゴ』を主演。

『白鳥の湖』より。第1幕冒頭、城の庭で王子の成人を祝う〈乾杯の踊り〉のシーン。（図版＊）

クラシック・バレエの代名詞『白鳥の湖』。コールド・バレエの美しさも見せ場の第2幕（マリインスキー・バレエ団）。© Seto Hidemi

プティパのロシア帝室バレエへの
大いなる貢献と意外な引退

　プティパはこのチャイコフスキー３大バレエだけでも記憶される振付家ですが、他にも重要な仕事を残しています。例えば『ラ・バヤデール』改訂版、『ジゼル』改訂版などです。その他にもドリゴ音楽による『タリスマン』、ミンクス音楽による『ラ・カマルゴ』、グラズノーフ音楽による『四季』といった小作品も多数手掛けています。全幕ものだけを振り付けたわけではないのです。

　プティパは順調にキャリアを重ねましたが、1903年初演の『魔法の鏡』の失敗の責任を取るという形で引退することになります。その後はフセヴォロジスキーの計らいで十分な年金をもらいながら温暖なクリミアで余生を過ごすという幸せな老後ではありました。

　しかし、この『魔法の鏡』が失敗作であったかどうかは実ははっきりとしません。２回しか上演されなかったのは事実ですが、初演はプティパのロシア帝室バレエメートル・ド・バレエ記念公演、２回目はコールド・バレエのための恩典公演で、どちらの公演も重要な舞台であり、かつ自分の舞台生活55周年公演の失敗の責任を取って引退というのはあまりに奇妙に感じられるのです。本人が記したような劇場内の策略だったのか、それとも間違って伝わっているのかはっきりしませんが、確かなのは1903年にプティパがメートル・ド・バレエを辞任したということです。このプティパの引退によってバレエは新たな時代を迎えることになります。

ロシア人ダンサーのなかから
才能豊かで個性あるスターが次々誕生

　さて、この頃ダンサーたちにも新しい波が押し寄せつつありました。『白鳥の湖』まではイタリア人のテクニシャンのダンサーに主役を譲っていたのは既にご紹介した通りですが、自国ロシアのダンサーたちの中からスターが出てきたのです。

　マチルダ・クシェシンスカヤはニコライ２世の独身時代の恋人という立場でも有名でしたが、実際に優れたダンサーでそのテクニックと表現力は高い評価を得ていま

『タリスマン』
1889年サンクトペテルブルクで初演。天上の神の娘と風の精のパ・ド・ドゥ。

『ラ・カマルゴ』
1872年初演。18世紀に活躍した偉大な女性舞踊家マリー・カマルゴ（P20参照）を称えた作品である。

アレクサンドル・グラズノーフ
［1865〜1936年］
ロシアの作曲家。プティパ振付のバレエでは『ライモンダ』『愛のはかりごと』『四季』の３作品の音楽を作っている。

『四季』
1900年サンクトペテルブルクで初演。当時の人気ダンサー４人、パヴロワ、クシェシンスカヤ、レガート、プレオブラジェンスカヤが４つの季節をそれぞれ踊るディヴェルティスマン。

『魔法の鏡』
音楽コレーシチェンコ、主演はクシェシンスカヤ。

ニコライ２世
［1868〜1918年］
ロマノフ朝の第14代にして最後のロシア皇帝。

クシェシンスカヤは回想録『ペテルブルグのバレリーナ』でも皇太子時代のニコライ２世との交際を明らかにしている。

した。また、オリガ・プレオブラジェンスカヤ、ヴェラ・トレフィロワ、後に女優として活躍したヴェラ・カラッリそして早くにロシアを飛び出し世界に活躍の場を求めていくアンナ・パヴロワ、タマラ・カルサヴィナといったダンサーが生まれてくるのです。

　男性ダンサーも次々と花形が登場します。ミハイル・フォーキン、ニコライ・レガート、ミハイル・モルドキン、アドルフ・ボルム、といったスターが生まれています。多くは後に欧州で活躍し、大きな足跡を残すことになります。

　その背景には教育の充実と、テクニックに優れたダンサーたちを目にして刺激されたこともあったでしょう。この後〝バレエといえばロシア〟となっていくのはこうした優れた踊り手たちが新しい作品バレエ・リュスに加わって欧州にデビューしたことによります。

フォーキン振付『瀕死の白鳥』を踊るアンナ・パヴロワ。1907年初演当時、フォーキンはクラシック・バレエが形式化していると感じ、振付とバレエ改革に意欲を燃やしていたが、保守的なマリインスキー劇場幹部には理解されず、やがてその才能はディアギレフのもとバレエ・リュスで開花していく。パヴロワもまた、ロシアの枠にはまらず世界各国を巡業し、バレエの伝道師となった。P69、117、129、142参照。

オリガ・プレオブラジェンスカヤ
［1871～1962年］
ロシアのダンサー、教師。マリインスキー劇場在籍20年間に主要な役のすべてを踊り、海外にもたびたび客演。後に帝室バレエ学校教師となりダニロワ、ワガノワを指導。革命後、著名なバレエ教師としてパリに定住。

ヴェラ・トレフィロワ
［1875～1943年］
ロシアのダンサー、教師。1894年マリインスキー劇場に入団。06年プリンシパル昇進後4年間踊っただけで引退。15年ミハイロフスキー劇場で女優デビュー。17年パリでバレエ学校開設。24年ディアギレフのロンドン公演『眠れる森の美女』でオーロラ姫を主演。

ヴェラ・カラッリ
［1889～1972年］
ロシアのダンサー。モスクワのボリショイ劇場に1906年入団。09年、19～20年ディアギレフのバレエ・リュスで踊る。演劇的才能を認められロシア初の映画スターになる。P75写真参照。

タマラ・カルサヴィナ
［1885～1978年］
ロシアのダンサー。1902年マリインスキー劇場に入団。18年まで在籍するが、同時に09年以降ディアギレフのバレエ・リュスで活躍。英国バレエ発展に寄与。P115参照。

ニコライ・レガート
［1869～1937年］
ロシアのダンサー、バレエ・マスター、振付家、教師。マリインスキー劇場でレニャーニ、パヴロワ、クシェシンスカヤ、トレハノワなどのパートナーとして活躍。バレエ・リュスのバレエ教師も務め、後にロンドンに定住。

ミハイル・モルドキン
［1880～1944年］
ロシアのダンサー、振付家、教師、芸術監督。モスクワのボリショイ・バレエ団で踊り、09年ディアギレフのバレエ・リュスに参加した後、パヴロワとともに海外を回る。11年に自らのバレエ団を立ち上げ、米国へも巡演。米国バレエ団の創設、発展に寄与。

アドルフ・ボルム

［1884～1951年］

ロシアのダンサー、振付家。マリインスキー劇場で踊り、09年ディアギレフのバレエ・リュスに17年まで断続的に参加。パブロワの一座にも加わったが、16～17年のバレエ・リュス米国巡演時に定住を決意。米国で活躍し、各地の劇場でオペラ・バレエの演出、振付を手掛け、ハリウッド映画で振付家として活躍する。サンフランシスコではバレエ学校創立やバレエ団創設に尽力。写真は『ファラオの娘』1916年。（図版＊）

ミハイル・フォーキン

［1880～1942年］

ロシアのダンサー、振付家、教師、監督。マリインスキー劇場のスターダンサーとしてカルサヴィナ、パヴロワのパートナーを務めるが、やがて20世紀初頭のバレエ改革の振付家として頭角を現す。写真は1898年『パキータ』の舞台衣裳をつけたフォーキン。P102参照。

個性的振付家によって導かれた
バレエ新時代の幕開け

そうした優れたダンサーが生まれる一方で、新しい作品も生まれてきました。それまでのグラン・バレエとはまた違うものが生まれつつあったのです。ある人物が偉大な作品群を創り上げるとそれとはまったく違った作品が生まれるのはどの時代もどの国でも同じようです。もちろんその背景にはチャイコフスキーのような音楽家は簡単には見つからないということもあったでしょう。いずれにしろ、上演に一晩かかるような作品ではない、もう少し短い、さまざまなテーマの作品が生まれてきます。

そうした新しい時代の振付家の筆頭はミハイル・フォーキンでした。彼はプティパの引退の翌年、ロシアを訪れた米国のダンサー、イサドラ・ダンカンに大きな衝撃を受けたのです。アメリカ生まれのこのダンサーは裸足でギリシア風チュニックを身につけ、ショパンのピアノ曲というダンス用ではない音楽で即興的に踊り、米国だけではなく欧州で大変な評判となっていました。その公演は若い振付家には大きな衝撃をもって受け止められました。

ミハイル・フォーキンは衝撃を受けただけではなく、大きな影響を受けたのです。彼の『薔薇の精』などの有名作品にも見られる即興性、そしてギリシア風のバレエは本当に資料にあたって「ギリシア」風ではなくギリシアを表現しようとする姿勢はダンカンの影響なのです。『エウニス』の振付ではもっと直接的に本当に裸足で踊るバレエを振り付けようとしたほどでしたが、さすがにこれは劇場サイドから拒否され、実現しませんでした。ですが、これはその大きな影響を物語るエピソードということができるでしょう。

ダンスはアンチ・バレエという形で立ち上がることが多いのは事実ですが、時にこうした接点を持ち影響を与えていることも忘れてはいけないでしょう。

イサドラ・ダンカン
［1877～1927年］
アメリカのダンサー、教師。フリー・ダンス運動の先駆者。バレエを習うが1903年に『未来のダンス』宣言を公表。靴を脱ぎすて、ギリシアにインスパイアされた踊りで一世を風靡し、多くの芸術家に影響を与えた。ロシアには04年巡演している。（図版＊）

フレデリック・ショパン
［1810～1849年］
ポーランドの作曲家。創作の多くがピアノ独奏曲。ダンカン以外にもショパンの楽曲をモチーフにしたバレエ作品は『レ・シルフィード』（振付フォーキン）など数多い。

『薔薇の精』
1911年、モンテカルロ歌劇場でバレエ・リュスが初演。全1幕、振付フォーキン、音楽ウェーバー。ロマン派のゴーティエの詩に着想を得て、初の舞踏会から帰った少女がもらった薔薇についての夢想の世界を描いた。（図版＊）

『エウニス』
1907年サンクトペテルブルクで初演、振付フォーキン、古典バレエのテクニックを使わずにタイツに足の指を描いて踊られた。

『薔薇の精』を踊るニジンスキー

1911年の初演はニジンスキーとカルサヴィナ。薔薇の精を演じたニジンスキーの
驚異的跳躍は伝説となり、さまざまな絵画に残された。上は、ドロシー・ミュロッ
クの版画。

フォーキンがギリシア風バレエとして
振り付けたバレエ・リュス時代の作品
『ダフニスとクロエ』。衣裳はバクスト
で1912年パリで初演(写真は再演時の
アントン・ドーリン)。

もしトウ・シューズがなかったら

　トウ・シューズ（ポワントとも呼ばれる）が生まれたのは1800年代頃とされています。最も古いトウ・シューズとしてさまざまな博物館、美術館、資料館に展示されたものを見ると、その華奢な造りにまずとても驚かされます。シューズというより、スリッパのような簡素な造りなのです。サテンで覆われたシューズ本体は少ししっかりした木綿、とても薄い革の2種類があります。底も現在のように堅くはなく、小さな（これは現在と形は同じ）革底が付いています。しかし、肝心のトウ部分には現在のものと違い、何も入っていないのです。当時の未使用のトウ・シューズを見ましたが、先まで全部サテンでした。使用されたシューズのほうは、つま先部分が丁寧に糸でかがられ、補強されていました。しか

注意深くトウ・シューズの履き試しをする。

し、リボンもこれで足を支えられたのだろうか、と訝るような薄くて華奢な、多くは1cm未満の幅のものが付いていました。

　時折、使用したままとおぼしき綿が詰まっているものもあります。ダンサーたちはそれぞれ工夫を凝らし、指先を布で巻いたり、生肉を入れたなどという話も伝わっていますが、どこまで本当のことかは検証のしようがありません。ただ、そのままの状態ではとてもダンサーがつま先で立てたとは思えない造りで、それぞれに工夫をしてどうにか使っていたと考えられます。

　ロシアでは1892年、ピエリーナ・レニャーニが初めて32回転のフェッテを回りますが、この頃には現在のトウ・シューズに非常に近い形になり、地面との接点の部分が四角く堅いトウで、つま先で立った姿の写真も現在とほぼ変わりありません。レニャーニが使っていたのはイタリアのニコリーニが作った靴で、ロシア帝室バレエのダンサーのために輸入されていました。頑丈な造りで、白いキッドの革でできており、先は堅いにもかかわらず舞台では音を立てなかったそうです。この靴は革命前までロシア帝室バレエ団で使用され続けました。つまり、ロシアでは代わりになるような靴を作ることができなかったのでしょう。そのつま先はコルクや木屑を固めたものが使われていたようです。このニコ

リーニのシューズはバレエ・リュスの
ダンサーにも好んで使用されたもので、
1930年代まで使用が確認できます。
『瀕死の白鳥』で知られたアンナ・パ
ヴロワはその高いトウの技術をより安
定させるためにシューズに独自の工夫
をしていたとも伝えられます。この頃
シューズの先は現在と同じ程度に四角
く広くなっていましたが、当時のダン
サーのプロフィール写真はつま先を細
くし写真の補正を行っているものが多
数あります。難なく立っている、とい
う印象をダンサーが求めたからです。
パヴロワも例外ではありませんでした。
　戦時中はシューズも当然不足し、ア
レクサンドラ・ダニロワはシューズの
持ちを良くするために糸でかがっただ
けではなく、シュラックというニスの
一種を靴全体に塗ったと語っています。
1950年頃になるとシューズの強度は
現在とほぼ同程度になったようです。
しかしそれに伴い、シューズの重量は
重くなる傾向となります。さらに近年
になって低反発素材をトウの部分に
使ったシューズなど、新たな技術も導
入されています。
　当然ながら、トウ・シューズの製作・
販売はバレエの浸透とともに世界に広
がりました。米国ではメトロポリタン・
オペラ・ハウス近くに店を構えたサル
ヴァトーレ・カペッツィオが1915年
に開店、1925年にはパリ万博でトウ・
シューズが金メダルを受賞しています。

ロンドン公演プログラムに掲載された広告。トウ・
シューズ含め劇場関係のあらゆる靴を扱っていた。（バ
レエ・リュス時代）。

英国の「フリード」は英国ロイヤル・
バレエ団御用達ですが、店を開いたの
は1928年のことで（創業は1899年とい
われますが）、現在の本店がある場所
の地下ですべて製作していました。サ
ヴォイホテルのボーイをしていたル
イージ・ガンバによって1912年に創
業された「ガンバ（ギャンバ）」を辞め
た妻がその開店を手伝いました。
　日本では最初のトウ・シューズは
銀座ヨシノヤの扱いでした。
1931年オリジナルのバレエ靴を開発
し、松竹、宝塚、日劇、すべての製作
を担っていました（1933年、バレエ靴
85銭、トウ・シューズ1円50銭、タッ
プシューズ3円50銭でした）。
　トウ・シューズの歴史というのは意
外なほど研究が進んでいない分野です
が、現物も残っていますし、バレエの
プログラムや雑誌には広告が多数載っ
ており、これらの資料から検証も可能
です。技術と直接に関わる部分ですし、
大変興味深いテーマです。

Column　ディヴェルティスマンに見る異国の踊り

デ ィヴェルティスマンとは独立した踊りをいくつも見せる作品や全幕作品中のそうした一場面を指し、具体的には各国の踊りや動物をモチーフにした踊りが挙げられます。

　一番ポピュラーなのはチャイコフスキー『眠れる森の美女』の祝宴シーンで繰り広げられるディヴェルティスマンでしょう。動物では猫や鳥をモチーフにした踊りですが、いずれも特徴的な動きがあり音楽でも振付でも表現しやすいという背景もあり観客にも楽しまれています。今では踊られませんが昔は、はちどりの役などもありました。

各 国の踊りが多数採用されるようになったのはロマンティック・バレエ時代に遡ります。「異国」の踊りを多数取り入れた時代だったからです。もっともその「異国」とはあくまでも西欧から見た国で、その固有の踊りをバレエに取り入れる形でした。歴史的に見れば戦争をした相手や、同盟を組んだ相手は登場しやすい傾向があったようです。

　国家自体が戦争によって分割されるなど複雑な歴史を持つポーランドもしばしば異国の踊りとして登場します。ポーランドの踊り「マズルカ」は、『白鳥の湖』舞踏会シーンなど、バレエでは特によく登場します。また音楽としてもショパンが作曲に取り入れたりしています。

ハ ンガリーの「チャルダッシュ」は19世紀ウィーンを中心に欧州で流行した踊りです。オペラやヴァイオリン曲にも取り入れられましたが、哀愁ある響きでゆったりしたテンポから、高揚して速いテンポへと変わる音楽はダンスとしてもメリハリを与えやすく、またかかとを合わせるステップや腕の動きなど、特徴的な動きも多く、バレエに早くから取り入れられました。『コッペリア』はポーランドが舞台なのですが、このチャルダッシュを踊る場面があります。

　「ポルカ」は19世紀のボヘミア地方で踊られていたもので、ヨハン・シュトラウスも作曲に取り入れるなど、ヨーロッパの舞踏会でもワルツと並んで人気の踊りですが、バレエの舞台ではチェコ、ポーランド方面の踊りという位置づけです。

　ロシアの踊りは「コサック・ダンス」

「猫」を演じるオルガ・プレオブラジェンスカヤ

『コッペリア』ではハンガリーの「チャルダッシュ」も踊られる。バーミンガム・ロイヤル・バレエ団。©Seto Hidemi

と「ルースカヤ」がよく登場します。コサック・ダンスはコーカサス地方の踊りですが、しゃがんで足を前にけり出す特徴的な動きが振付に取り入れやすかったのでしょう。

　またスコットランドの踊りもバレエの舞台にはよく登場します。男性の衣裳がキルトという独特なスタイルであったことも理由の一つでしょうが、ケルト風の音楽で踊られるスコットランドの踊りは、異国の踊りとして理解され、『ラ・シルフィード』では全編にわたって踊られますし、後のバランシンによって『スコティッシュ・シンフォニー』が振り付けられています。バランシンはこれ以外にも米国の踊りとして「ロデオ」なども振付に取り入れていますが、これはバランシンが米国の作品を創ろうと考えたためでしたから、事情は少し違っていました。

　そのほか、オリエンタルな国としてインド、タイ、トルコ、中国などの踊りがバレエに取り入れられましたが、いずれも西欧から見たそれぞれの国々のイメージであり、中国の踊りでは必ず指を立てて踊ったり、場合によっては衣裳が日本と中国の両方が混じったものであったりしています。また『くるみ割り人形』のアラビアの踊りの場面では音楽はコーヒーの踊りとなっていますがアラブ、エジプトとさまざまなバージョンがあり、それぞれのバレエ団で自由に設定を変えて踊られています。

　さらにディヴェルティスマンで欠かせない異国の踊りには、スペインの踊りがありますが、それはP52〜53で触れた通りです。

　こうした起源を持つ踊りですが、見る側としては難しいことを考えず、さまざまな踊りを見る楽しさを満喫したいものです。ディヴェルティスマンとは必ずしもストーリーに必要でないことが多い場面なのですが、逆にいえば、それぞれのダンサーの魅力、踊りそのものの楽しさが前面に出る場面です。見れば見るほど、純粋に踊りや踊り手に魅了されることでしょう。

ロシア帝室バレエの時代とプティパ

1673年 ―― 1904年

1673年	◆ロシア初のバレエ『オルフェウスとエウリディケ』上演
1676年	・ロシア、対トルコ戦争
1682年	・ピョートル大帝（1世）即位
1703年	・ピョートル大帝　サンクトペテルブルク建設開始
1738年	◆アンナ・イヴァノヴナ女帝の命により、ジャン゠バティスト・ランデが宮廷内にバレエ学校開校
1762年	・エカチェリーナ2世即位
1801年	◆フランスよりシャルル゠ルイ・ディドロ、サンクトペテルブルクを初訪（～1811年まで帝室劇場メートル・ド・バレエとして活躍。1816～1830年再任）
1812年	・ナポレオンのロシア遠征（アレクサンドル1世により撃退）
1835年	◆アントワーヌ・ティテュス『ラ・シルフィード』初演
1842年	◆アントワーヌ・ティテュス『ジゼル』初演
1847年	◆プティパ、サンクトペテルブルクに到着、『パキータ』でダンサーとしてロシアにデビュー
1851年	◆フランスよりジュール・ペロー来訪、帝室劇場メートル・ド・バレエを務める（～1859）
1853年	・クリミア戦争勃発
1855年	◆プティパ『グラナダの星』で振付家デビュー
1860年	◆サンクトペテルブルクにマリインスキー劇場完成
1862年	◆プティパ『ファラオの娘』初演、専任メートル・ド・バレエに就任
1869年	◆プティパ、首席メートル・ド・バレエに就任
1877年	◆プティパ『ラ・バヤデール』初演
1881年	◆帝室劇場支配人にイワン・フセヴォロジスキー就任
1884年	◆プティパ『ジゼル』改訂
1890年	◆プティパ『眠れる森の美女』初演
1892年	◆プティパ、イワノフ『くるみ割り人形』初演
1895年	◆プティパ、イワノフ『白鳥の湖』改訂版上演
1903年	◆プティパ『魔法の鏡』初演
	◆プティパ、首席メートル・ド・バレエを辞任。クリミアで余生を送る
1904年	・日露戦争勃発

バレエ・リュス
バレエは芸術になった

The Impresario, Serge Diaghilev :
Ballets Russes 1909—1929

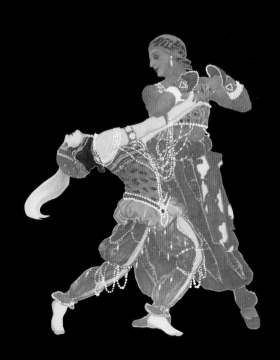

1909年パリ、バレエ・リュス
ディアギレフの奇跡のバレエ団

　フランスでは、ロマンティック・バレエが衰退に向かった後もバレエ上演は続き、新作も生み出されていました。しかし、バレエは「芸術」とは見なされず、劇場は美しい女性を見に行き、運がよければ知り合える場所になってしまっていました。

　そうしたなか、ロシアからやってきたのがセルジュ・ディアギレフ率いる一座、通称〝バレエ・リュス〟でした。1909年、ディアギレフはパリでオペラとバレエによる「ロシア・シーズン」開催を企画します。しかし、バレエ・リュスとしての1年目に数えられるこの時はパリ・オペラ座を借りることができず、シャトレ座公演となったのでした。当初の予定よりオペラ上演演目が減ったことが理由で、バレエだけの上演の日もあったためです。

　ちなみに、通称であるバレエ・リュスとはフランス語で「ロシアのバレエ団」というほどの意味で、この一般名詞がすなわちディアギレフによって率いられたバレエ団のことを指したのですから、その存在感、人気のほどがわかるでしょう。ディアギレフの一座は正式名称を持たず、各国、その時代で名称は変わっていたのです。

　パリ・オペラ座での公演を期待していたディアギレフは、シャトレ座という当時は子供向け公演なども行っていた幾分古ぼけた格下の劇場での初演を悔しく思ったのでした。しかし不屈の精神を持つディアギレフは、劇場の前5列を撤去してオーケストラボックスを拡張し、椅子をはじめ内装やカーテンまで取り替えるなどして、当時の新聞が「帽子箱のように変身した」と書くほどでした。

セルジュ・ディアギレフ

[1872〜1929年]

興行師、ロシア名はセルゲイ・パーヴロヴィチ・ジャーギレフ。芸術雑誌『芸術世界』編集長、展覧会キュレーター、音楽会主宰を経て、1908年パリでオペラ『イーゴリ公』を成功させた。この成功を受けて09年のバレエ公演が行われた。その創作活動は20世紀バレエ界に大きな足跡を残した。上はコクトーが描いたディアギレフの似顔絵。

THÉATRE NATIONAL DE L'OPÉRA

NUMÉRO SPÉCIAL CONSACRÉ A LA SAISON RUSSE

LES BALLETS RUSSES
PROGRAMME ÉDITÉ PAR
COMŒDIA ILLUSTRÉ

PRIX
2 francs

SAISON RUSSE
1910
L'OPERA
BALLETS

Aquarelle originale de BAKST

バレエ・リュスの公式プログラム

大判で美しいデザイン。今もコレクターズアイテムとなっているバレエ・リュス公式プログラムは、1909年創刊の主に舞台芸術を専門とした雑誌『コメディア・イリュストレ』が手掛けている。『ガゼット・ド・ボン・トン』など当時パリのファッション誌を次々と創刊した大立者ブリュノフ家のモーリスと息子のジャックが編集長を歴任した。写真は1910年バレエ・リュス初の公式プログラムで、表紙はレオン・バクストによる『シェエラザード』。左はバクストによるオペラ『ホヴァンチナ』の衣裳デザイン画。

このシャトレ座で行われた1909年5月18日の初日で
バレエ・リュスは一夜にしてパリ中を虜にし、見逃せな
い芸術的事件であるとともに社交界の重要なイヴェント
となったのでした。

　パリの観客は、自分たちにとって垢抜けないイメージ
しかないロシアから来たバレエ団が正統的かつ高度なバ
レエ技術を用いて、自分たちが見たこともないバレエ作
品を次々上演するとは考えてもいなかったのです。また、
長らく男性スターが不在でしたから、オペラ『ボリス・
ゴドゥノフ』上演の際にそうであったように、男性群舞
には驚き、その迫力に魅了されたのでした。そしてそれ
まで見てきた淡いパステルや白の妖精、森、異国のどこ
か、といったものではない、はっきりと舞台設定された
画家によるデザインの美術と衣裳、そしてその鮮やかな
色彩に目を見張ったのです。特にレオン・バクストのヴィ
ヴィッドな、「官能的」とまで評された色彩はパリの観
客の心を鷲掴みにし、〝バクスト・カラー〟といわれ、
以後バレエ・リュスの舞台は流行色発信の場ともなった
のでした。

公式プログラム（1912年）にバクストが描いた『牧神の午後』。

バクストの色づかいは濃厚で官能的で
すらあった。図は『ダフニスとクロエ』。

世紀の興行師にしてプロデューサー
ディアギレフの来歴

　当時、誰も考えたことのない「劇場に所属しない＝ツアリング・カンパニー」を20年間率いたのがディアギレフです。彼はロシアのウォッカ醸造で財をなした祖父を持つ貴族でした。皇帝主催の舞踏会に呼ばれるような高位の貴族ではありませんでしたが、育ての母の親戚はチャイコフスキー家の出身で、ディアギレフ家にはムソルグスキーがピアノ伴奏に訪れるような豊かな芸術的環境で育ちました。大学時代にはストラヴィンスキーもそうであったように、法律を専攻しつつ音楽に没頭し、ディアギレフはリムスキー＝コルサコフのもとで声楽を習っていましたが、その才能はないといわれオペラ歌手を諦めています。しかしピアノを初見で弾けたと伝えられ、バレエ・リュス結成後、その能力はおおいに発揮されたのでした。

　大学在学時、そして卒業時には当時の貴族の子弟がしていた「グランド・ツアー」と呼ばれる欧州旅行に出かけ、芸術的見聞を広めると同時に広く社交界の重要人物と出会い、その後の活動の足掛かりを形成したのでした。その時、パリのバレエの衰退を見て驚いたことも後のバレエ・リュス結成の一つの原動力になったのでしょう。

　ディアギレフはバレエ・リュス結成前にもさまざまな活動をしています。ロシアでは『芸術世界』という雑誌を1898年に創刊、雑誌主催の展覧会や音楽会を開催しました。『芸術世界』はロシア語表記だったにもかかわらず世界中に読者を持った美しく豪華な雑誌で、その印刷やデザインへのこだわりは後のバレエ・リュスのプログラムにも生かされることになります。

　この『芸術世界』時代からバレエ・リュスでの舞台活動の最後まで変わらなかったのは、〝ロシアの最新の芸術を欧州へ紹介する〟という姿勢でした。『芸術世界』時代はそれに加えて〝欧州の最新の芸術をロシアに紹介する〟という役割も果たしていました。

イーゴリ・ストラヴィンスキー
［1882～1971年］

ロシア生まれの作曲家。後にフランス、アメリカでも活躍。最初のバレエ音楽『火の鳥』はディアギレフに委嘱され1910年に初演される。以降、『ペトルーシュカ』『春の祭典』『結婚』などバレエ・リュスの代表作の数々を作曲。バレエ・リュス解散後はバランシンと多くの作品を残した。P124参照。

リムスキー＝コルサコフ
［1844～1908年］

ロシアの作曲家。ロシア5人組の一人。オペラ『金鶏』など、色彩豊かでロシアの民族性の強い音楽を作曲した。バレエ・リュスとの関連性では交響組曲『シェエラザード』が挙げられる。P75参照。

1906年にディアギレフがパリのサロン・ドートンヌで開催した「ロシア美術展」の会場。ロシアでの展覧会開催時同様に花や観葉植物を配し、空間演出された特徴あるものとなった。

ディアギレフが初めてパリで手掛けた舞台は1908年
のオペラ『ボリス・ゴドゥノフ』でしたが、前年の音楽
祭でパリ・デビューを果たし、人気を博したシャリアピ
ンを主役として観客に大きな感銘を与えました。オペラ
内のバレエ・シーンが好評だったことも1909年のロシア・
シーズン（バレエ・リュス）公演を後押ししたのですが、
「オペラ演目が少ない…」という興行主の心配は杞憂で、
バレエだけの公演も大成功を収めました。翌年はその成
功を受けてパリ・オペラ座での公演が実現し、ディアギ
レフも望みを果たすことができました。

この『ボリス・ゴドゥノフ』の公演の際に足を運んだ
観客の一人にミシアがいました。彼女はこの公演に感激
し、残っている席のチケットを買い占め、友人知人に配っ
たといいます。これが、20年にわたるパトロネージュの
始まりでした。すばらしい舞台に出合って、それを人に
も見せたい、見てほしい、そして応援したいという気持
ちは昔も今も変わりません。違うのはそうした行動が実
際にできる経済力と機動力があるかどうかです。

バレエ・リュスが20年の間独自に活動を続けることが
できたのは、そうしたパトロネス、パトロンによるもの
でした。ディアギレフは人間的な魅力に溢れた人物で、
彼に頼まれると嫌といえなかったというエピソードがた
くさん残っています。それでも、資金繰りにはいつも苦
労していました。しかし舞台には金を惜しまず、最高の
舞台を創ることが彼の最優先事項でした。ディアギレフ
にとって、贅沢は空気のようなものでしたが、決して放
蕩したわけではありません。開幕まで現場で最後の詰め
を行い、髪を振り乱し「駄目出し」をしていても開幕前
には必ず着替え、タキシードにシルクハット、そして胸
のボタンホールには花を挿し、香水を振りかけることも
忘れませんでした。その一方でリファールの証言によれ
ば、彼の愛用していたビーバーの毛皮のついた冬のコー
トは擦り切れていたそうです。

フョードル・シャリアピン
［1873～1938年］
ロシア出身のオペラ歌手（バス）。『ボ
リス・ゴドゥノフ』『イワン雷帝』の主
役のほか、『ファウスト』のメフィスト
フェレス役を得意とした。

ミシア・セール
［1872～1950年］
サンクトペテルブルク生まれ。ベル・
エポック期の芸術家たちのミューズで、
ルノワールやロートレックなど画家が
彼女をモデルとした絵を残している。
ディアギレフと彼のバレエ・リュスの
終生変わらぬ支援者（パトロネス）であ
り続けた。3回結婚し、3回目の夫は
バレエ・リュスで『女のたくらみ』の美
術・衣裳を手掛けた。

装いにも独特のこだわりがあっ
たディアギレフの愛用品。シル
クハットやステッキ、クロコダ
イルの書類鞄。

バレエ・リュス、魅力のレパートリー
その広範囲な作品群

　バレエ・リュスの活動は1909年から1929年のディア
ギレフ逝去までの間でした。ディアギレフの死をもって
解散したのは、彼にしか個性溢れる芸術家たちを束ねる
ことができず、また資金調達もできなかったからにほか
なりません。

　上演した作品はバレエだけで約64作品、オペラは12
作品です。バレエの数が"約"となるのは、ディヴェルティ
スマンの内容が異なるものの、同タイトルの演目などが
あり、その数え方で数が違ってしまうためです。

　ここではバレエを中心に見てゆきたいと思いますが、
その特徴は大雑把にいえば以下のようになるでしょう。

　①ロシア的なるもの、②バレエの歴史を継いだ古典的
作品、③その時代の最新を取り入れた作品、そして時代
によって中身は変わりましたがロマンティック・バレエ
時代からの伝統というべき④異国的な作品、です。

　①ロシア的なる作品は、バレエ・リュスがすべての
要素を自分たちの手で創り上げた初の正真正銘のオリジ
ナル作品『火の鳥』、続いて『ペトルーシュカ』、『ロシア
物語』、さらに当時最新のロシア＝ソヴィエト社会をバ
レエ化したロシア構成主義とボルシェヴィキ賛歌ともい
える『鋼鉄の歩み』が挙げられます。

『火の鳥』

1910年パリで初演。ロシア民話をも
とに台本・振付フォーキン、音楽スト
ラヴィンスキー。

『ロシア物語』

1917年パリで初演。振付マシーン、
音楽アナトリー・リャードフ。ロシア
のおとぎ話が次々と繰り広げられる。

『鋼鉄の歩み』

1927年パリで初演。振付マシーン、
音楽プロコフィエフ。革命や社会主義
生活をテーマにした点が目新しかった。

『ペトルーシュカ』の舞台は1830年、四旬節のお祭りに賑わうロシアの広場。この
美術、衣裳を担当したのはアレクサンドル・ブノワ。

『ペトルーシュカ』

1911年パリで初演。振付フォーキン、
音楽ストラヴィンスキー。ロシアの人
形劇を舞台にした愛憎の物語。

1911年「ロイヤル・オペラ＆インペリアル・ロシアンバレエ」としてロンドン公演した際の公式プログラム。カバーは『レ・シルフィード』の一場面。

『パラード』

1917年パリで初演。振付マシーン、台本コクトー、音楽サティ、美術・衣裳ピカソ。上は英国公演プログラムで、表紙はピカソの『中国の魔術師』の衣裳デザイン。

『青列車』

1924年パリで初演。振付ニジンスカ、台本コクトー、音楽ダリウス・ミヨー、衣裳をココ・シャネルが手掛けた。

『パストラル』

1926年パリで初演。振付バランシン、台本コノフ、音楽ジョルジュ・オーリック。20年代らしく映画ロケの場面が挿入されている電報配達人の物語。

　② バレエの歴史を継いだ作品としては『ジゼル』、そしてこれはもしかしたらロシア的というべきかもしれませんが、歴史的な作品でもある『白鳥の湖』（全幕ではなく全２幕のもの）、『眠れる森の美女』（これのみ全幕上演作品）、『くるみ割り人形』からもいくつかの踊りをディヴェルティスマンの中で披露しています。

　③ 時代の最先端は、サーカスを題材とした『パラード』、最新のパリを切り取ったかのような『青列車』、ハリウッドを舞台にした『パストラル』などの作品です。

　④ 異国的な作品は、バレエ・リュス初期にはエジプトを舞台とした『クレオパトラ』、トルコを舞台とした『シェエラザード』、グルジアが舞台の『タマール』があり、バレエ・リュス後半になるとスペイン風の作品が多数登場し、『ラス・メニナス』『三角帽子』『プルチネッラ』『女のたくらみ』などが挙げられます。

　その他の異色作としては、光と未来派の旗手の一人ジャコモ・バッラの舞台美術だけでダンサーが登場しないバレエ『花火』、フラメンコをピカソの美術と衣裳で彩った『クァドロ・フラメンコ』などがあります。実に多彩で、自由な作品が次々と生まれたのです。

『シェエラザード』

1910年パリで初演。振付フォーキン、台本ブノワ、音楽コルサコフ、美術衣裳バクスト。ハーレムが舞台の舞踊劇。エキゾティックで官能的な衣裳はファッション界にも大きな影響を与えた。

『タマール』

1912年パリで初演。振付フォーキン、音楽ミリー・バラキレフ、台本・美術・衣裳バクスト。美しく残忍な古代グルジアの女王タマールが主人公。

ハーレム・パンツやターバンなど、その衣裳がパリ・ファッション界にブームを起こした『シェエラザード』。

『クレオパトラ』

1909年パリで初演。振付フォーキン、美術・衣裳バクスト。エジプトを舞台にした作品で、主演のルビンシュテインは強烈なインパクトを与えた。

『ラス・メニナス』

1916年サン・セバスチャンで初演。振付マシーン、音楽フォーレ。マシーンがスペイン滞在中に見たベラスケスの傑作『女官たち』へのオマージュ。

『三角帽子』

1919年ロンドンで初演。振付マシーン、音楽ファリャ、美術・衣裳ピカソ。ヨーロッパのスペイン・ブームの一翼をになった。

『プルチネッラ』

1920年パリで初演。振付マシーン、美術・衣裳ピカソ。イタリアの伝統的喜劇のコメディア・デラルテをバレエ（歌を伴った）に取り入れた。

『女のたくらみ』

1924年パリで初演。振付マシーン、音楽チマローザ、美術・衣裳ホセ=マリア・セール。18世紀のイタリア音楽家の曲から構成されたオペラ=バレエ。

『花火』

1917年ローマで初演。音楽ストラヴィンスキー、美術はイタリア未来派の旗手ジャコモ・バッラ。ダンサー不在の光によるダンスで、照明の調光はバッラとディアギレフ自らが作業した。

『クァドロ・フラメンコ』

1921年パリで初演。フラメンコが作品としてヨーロッパの舞台に上がった最初の例。美術・衣裳はピカソ。ダンサーには美貌のマリア・ダルバイシンら本物のフラメンコ・ダンサーが参加した。

第1次世界大戦後のバレエ・リュスと
豪華すぎる『眠れる森の美女』

　バレエ・リュスはまた激動の時代を生き抜いたバレエ
団でもありました。第1次世界大戦によって社会構造が
変わり、貴族の一部は没落し、またロシアは帝政が倒れ、
亡命者が多数生まれました。そうしたなかバレエ・リュ
スのパトロン、パトロネスの顔ぶれも変わりました。ミ
シアなど最後までパトロネスであり続けた人もいました
が、戦前のパトロネス、パトロンたちがパトロネージュ
すること自体を名誉とし、「資金は出すが口は出さない」
という存在だったのに対して、戦後は鉄道王や汽船王、
鉄鋼王など「資金も出すが口も出す」つまり、配役など
の要求をする人たちも現れ、ディアギレフもしばしばそ
の折衝に苦労しました。

　もちろん、作品にも変化が起こりました。それは1920
年代に非常に多くの芸術潮流があったためでもあり、ロ
シアとのパイプが細くなったことも理由でした。それま
で以上に多くの要素を取り入れたバレエが生まれました。
また、初期にはバクストの色彩や『シェエラザード』の
衣裳など舞台からファッションを街（といっても社交界

バレエ・リュスの上演
した演目のうち唯一の
全幕バレエが『眠れる
森の美女』で1921年ロ
ンドンのアルハンブラ
劇場でのみ公演された。
上は公式プログラム、
左が配役を記した当日
プログラム。バクスト
の衣裳デザインが表紙
になっている。

ニジンスカはディアギレフのロンドン公演のために呼び戻され『眠りの森
の美女』に出演もしている。また新振付によるいくつかの踊りを加えた。

が中心ではありましたが）に送り出していたのが、1920年代になると『青列車』でココ・シャネルによるデザインが舞台に登場したように完全に逆の流れも生まれたのです。時代がいかに大きく変わったかということが理解しやすいエピソードではないでしょうか。

　そうしたなかでディアギレフはミシアの注意にも、興行主の反対にもかかわらず、「何としても‼」という強い思いで『眠れる森の美女』を1921年ロンドンで上演しました。これはバレエ・リュスにとって最初で最後の全幕作品となり、その豪華さは英国人に驚きと賞賛をもって迎えられましたが、興行的には失敗でした。しかし、ディアギレフがどうにか生き残った戦後にこの大作を手掛けたということは、自分が失った祖国ロシア帝室最高のバレエ作品『眠れる森の美女』への並々ならぬ愛着ゆえでした。どうしても上演し続けなければならぬ、という信念を貫いたのです。その証拠といっていいと思いますが、負債を抱えて衣裳すべてを差し押さえられた後、翌年のパリで早くも『オーロラの結婚』というタイトルでディヴェルティスマンを上演していますし、その後も『祝福された姫君』等タイトルを変え、中身を変えて繰り返し『眠れる森の美女』からのディヴェルティスマンを1929年の解散まで上演し続けているのです。

オリガ・スペシフツェワのオーロラ姫。バクストの衣裳画（P98、16歳の誕生日の祝宴）から忠実に作られているのがわかる。

ニジンスカが付け加えた踊りの一つが〈シェエラザード〉。特製のお輿から登場する女性ダンサー。まさに豪華絢爛。

『眠れる森の美女』バクストの美術と衣裳

レオン・バクストが『眠れる森の美女』のために制作した衣裳と美術は1922年、限定500部の画集にまとめられた。独特の色彩感覚にその才能を見て取れ、さらに豪奢な舞台が想像できる。代表的なものをいくつか紹介しよう。

オーロラ姫16歳の誕生日。赤いドレスにレースが施された衣裳。

『眠れる森の美女』はそれまでのバレエ・リュスの作品の中で最も登場人物が多く、衣裳も美術も贅を尽くしたものだった。ロシア最高のバレエ作品を見せるという目的のために、バクストのデザインも依頼したディアギレフも初演を超えようとばかりに予算に糸目をつけず本物を追求した。輝くようなシルク、豪華な毛皮がふんだんに用いられ、わずかな場面しか登場しない役でも手抜きなしに作られた。バクストの舞台装置にこれらの衣裳や小道具が相まって、バレエ・リュス初の全幕バレエ『眠れる森の美女』は観客を驚かすほどの豪華さを手に入れた。

第3幕の結婚式のオーロラ姫の衣裳。胸の金の飾りはブルボン朝フランス王ルイ14世へのオマージュだろうか。本作品自体、テーマは絶対王権への賞賛にある。

『眠れる森の美女』プロローグ・シーンの壮麗な宮殿。奥の階段には宮廷の人々の列が見える。

登場する妖精には皆、従者が付く。
こちらはサルビアの精の小姓。

バクストらしい赤で花々のついた
可憐な衣裳、サルビアの精。

リラの精の小姓。リラの精は物語
でも重要な役を果たす妖精。

松の木の精の小姓。髪飾りや衣裳
の端々に松葉や松の実のモチーフ。

中国人の女性。第3幕結婚式の宴
席に登場する役でもこの豪華さ。

中国人の男性。男女とも『優雅な
インドの国々』を参考にしている。

『眠れる森の美女』バクストの美術と衣裳

第1幕終盤、リラの精の魔法によって眠りに包まれる宮殿。100年の眠りにつく魔法はリラの花々で表現された。

オーロラ姫16歳の誕生祝いに現れる、フラマンからの求婚者。

左同様、インドからの求婚者。アフリカ風の衣裳に見えるが……。

4人の男性のうち、英国の求婚者。金モールが重そうな衣裳である。

ディヴェルティスマンの一つ〈マズルカ〉の女性。

同じく〈マズルカ〉の男性。何と造形的なデザイン画だろうか。

デジレ王子。第2幕第1場、狩りのシーンの衣裳。

邪悪な精カラボス。後世さまざまなカラボス像があるが、バクストの設定は痩せ細った不気味な存在。

黒人の求婚者。ローズ・アダージョは4人の求婚者と姫が踊る第1幕の白眉。

バレエ・リュスで活躍した
ダンサーと振付家たち

さて、ではバレエ・リュスではどのようなダンサー、振付家が活躍したのでしょうか。ここでは時代を追う形で、スターと振付家を中心に見ていきましょう。

 ## ミハイル・フォーキン
Mikhail Fokine

フォーキンは前の章で少しだけ触れましたが、ロシア国内で非常に高く評価されたダンサーで1898年に帝室バレエ学校を卒業した後、ロシア帝室バレエ団に入団、ダンサーとして活躍しながら22歳という若さでバレエ学校の教師も務めるようになっていました。振付家としても1907年バレエ・リュスで上演される『レ・シルフィード』の元となった『ショピニアーナ』、『アルミードの館』初演を成功させていました。ディアギレフは彼を振付の中心人物として迎え、実際、バレエ・リュス初期作品のほとんどを手掛けるなどフォーキンはバレエ・リュスのイメージを形作った重要人物といえるでしょう。ざっと挙げても『薔薇の精』『レ・シルフィード』『シェエラザード』『ポロヴェツ人の踊り』『ペトルーシュカ』といった作品は彼の振付で解散まで踊り続けられ、今日も上演されるバレエ作品です。

ダンサーとしての人気も実力もありましたが、バレエ・リュスにおいてはニジンスキー、ボルムといったダンサーたちの方が人気を博し、思ったようにダンサーとして活躍できないという不満もあり、ニジンスキーの振付家デビューと同時に一座を離れたのでした。

ミハイル・フォーキン

［1880〜1942年］

ロシア出身のダンサー、振付家、教師、監督。1914年バレエ・リュスを去った後はロシアに帰るが、その後北欧、アメリカで活躍する。

『レ・シルフィード』
『ショピニアーナ』

振付フォーキン、音楽ショパン。1907年『ショピニアーナ』という作品名でサンクトペテルブルクで初演された1幕もののバレエを09年パリ公演にあたり、『レ・シルフィード』（空気の精たち）と名前を変えオーケストレーションして初演。ショパンのピアノ曲とも相まって人気を博した。

『アルミードの館』

振付フォーキン、音楽ニコライ・チェレプニン。1907年サンクトペテルブルクで初演されたものを09年にパリで公演。フランス風バレエで、ゴブラン織の中の世界に入り込む旅人の話。ロココ風の美術が美麗。

『薔薇の精』

P80参照。

『ポロヴェツ人の踊り』

P36参照。

今も上演されるフォーキンの代表作『ペトルーシュカ』。ペトルーシュカがムーア人に殺害される場面。

『薔薇の精』の舞台全景。こうして美術まで見える写真は珍しい。初演時はニジンスキーが窓から登場し、窓から文字通り「飛び去って」ゆき、その超人的な跳躍で人々を驚嘆させた。左は『薔薇の精』の少女を描いたコクトーによる1911年のポスター。（図版＊）

ショパンの楽曲に合わせて空気の精と詩人とが踊る『レ・シルフィード』は、プロットレス・バレエの先駆的作品ともいえる。

103

ワツラフ・ニジンスキー
Vaslav Nijinsky

　ニジンスキーは帝室バレエ学校在学時代から注目され、人並みはずれた才能の持ち主であることは誰もが認めていました。1909年からバレエ・リュスに参加しますが、すでにロシアで有名で人気もあったアドルフ・ボルムやミハイル・フォーキンほどの人気をパリ公演で博すかどうか、ディアギレフも確信が持てずにいたところもあったようです。しかし蓋を開けてみたら、ニジンスキーは一夜にしてアイドル並みの人気を博したのでした。初めてバレエ・ダンサーの「追っかけ」が登場したのも彼によってといっていいでしょう。もっともそれ以前はバレエ・リュスのような追いかける必要のあるツアリング・カンパニーは存在していませんでしたし、女性が移動する自由と資金がある時代になったからでもあります。

　ニジンスキーはもはやその踊る姿を見た人も生き残っておらず、老後の動画以外、最盛期の映像は一切見つかってはいません。それにもかかわらず天才として誰もが疑わず、今も「伝説のダンサー」であり続けているのです。
　彼が登場した時、雑誌は「ヴェストリスの再来」と讃えましたが、ヴェストリスはニジンスキーより100年以上前のダンサーでした。そして、現代からニジンスキーを振り返ると100年ほど前のダンサーなのです。「100年に一度の天才」というのはそういうものなのかもしれません。

ワツラフ・ニジンスキー
［1889〜1950年］
キエフ生まれのダンサー、振付家。突然の結婚によってディアギレフにバレエ・リュスを解雇された後、自分のカンパニーを立ち上げるが失敗。16〜17年の米国ツアーに復帰。精神を病み、19年を最後に踊ることなく一生を終える。

オーギュスト・ヴェストリス
［1760〜1842年］
フランスで活躍したダンサー、バレエ教師。P14参照。

『アルミードの館』より。アルミード公爵夫人の奴隷役のニジンスキー。

センセーショナルな振付家デビューとなった作品『牧神の午後』。

『ジゼル』アルブレヒト役のニジンスキー。このときジゼルはカルサヴィナが踊った。帝室バレエ学校の学生時代からクシェシンスカヤ、パヴロワといったスターにパートナーを所望されたニジンスキー。（図版＊）

しかし、実はニジンスキーの活動期間は短く、わずか
7年なのです。その間に彼はすばらしい跳躍で観客を熱
狂させただけではなく、振付家としても観客を驚かせ、
バレエの歴史に大きな一歩を刻んだのです。

さまざまな資料から見ても、ニジンスキーが自ら振付
家になろう、振付をしようという意思があったとは思え
ません。それはニジンスキーに続くバレエ・リュスの振
付家たちも同様で（バレエ・リュス参加以前から振付を
手掛けていたバランシン、ニジンスカ以外）、ディアギ
レフの教育者としての高い能力ゆえでもあるのですが、
これまで深く検証されてこなかったことかもしれません。
ですが、その後多くのバレエ団でなかなか振付家が育た
ない現状を見ても、それがいかに重要かつ偉大な業績
だったか想像できます。ディアギレフには才能を見出し、
出合わせる力があっただけでなく、才能を引き出す力、
教育者的側面も強く持っていたのです。

さて、ディアギレフの期待に応える形でニジンスキー
は『牧神の午後』『遊戯』『春の祭典』『ティル・オイレンシュ
ピーゲル』の4作品を振り付けました。『牧神の午後』は
舞台の手前だけの狭い空間を使い、超絶技巧で知られる
ダンサーが小さな小川を飛び越す跳躍ともいえないよう
なパ（ステップ）だけを残し、あとは身体は正面、足は
横向き、さらにバレエにはなかったような角ばった動き、
そしてニンフに言い寄るものの、逃げられ、落としていっ
たスカーフの匂いを嗅ぎ恍惚とするというそれまでのバ
レエの表現にはあるまじき作品でした。観客席は静まり
かえり、ディアギレフは同じ作品をもう一度上演するよ
うに命じたのも有名なエピソードです。ディアギレフは
この作品が変わったものであることは十分に理解したう
えで、どうにか受け入れてもらいたいと考えたようで、
そのゲネプロの日にはキャヴィアとシャンパーニュが振
る舞われたそうです。

『遊戯』や『春の祭典』初演は1913年パ
リのシャンゼリゼ劇場柿落としで上演
された。

『牧神の午後』

1912年パリで初演。振付ニジンス
キー、音楽ドビュッシー、美術・衣裳
バクスト。古代ギリシアのレリーフか
ら発想を得たという、独特の振付。

『遊戯』

1913年パリで初演。振付ニジンス
キー、音楽ドビュッシー、美術・衣裳
バクスト。「現代」を舞台とし、テニス
プレーヤーと女性2人の間の恋愛遊戯。

『春の祭典』

1913年パリで初演。振付ニジンス
キー、音楽ストラヴィンスキー、美術・
衣裳ニコライ・レーリヒ。

『ティル・オイレンシュピーゲル』

1916年ニューヨーク初演。振付ニジ
ンスキー、音楽リヒャルト・シュトラ
ウス、美術・衣裳ロバート・エドモンド・
ジョーンズ。中世ドイツを舞台にした
小鬼ティルが主人公の小品で上演時間
は18分ほどだった。

ゲネプロ

舞台上で衣裳をつけて本番さながらに
行われる通し稽古。

『レ・ゾリアンタル』より。一部プティパ原振付をニジンスキーが踊るのを前提に
フォーキンが改訂（1910年）。インド、中国、ペルシャ、タイなど全5曲から成る
ディヴェルティスマン。

et rude se dégage de l'Ermitage des Vieux-Croyants, couvent perdu dans les profondeurs d'une forêt presque vierge de toute profanation humaine. Dans la dernière scène, où les Vieux-Croyants préfèrent périr brûlés vifs sur un bûcher plutôt que de céder au modernisme de Pierre le Grand, ce décor de l'Ermitage éclairé par le grand feu du bûcher prend un aspect terrible.

SOUDEIKINE

Soudeïkine est aussi un jeune. Il a fait ses études à l'école de peinture, sculpture et architecture de Moscou. Elève du célèbre peintre décorateur Korovine (dont le public parisien a vu quelques décors aux premières saisons russes du Châtelet), il travailla pour le théâtre depuis l'âge de seize ans sous la direction des décorateurs officiels. Ses premiers décors furent, à Moscou (pour la Studia de M. Stanislawsky), ceux de *la Mort de Tintagile*, et plus tard, à Pétersbourg, ceux de *Sœur Béatrice* de Maeterlink. Après les décors de *la Tragédie de Salomé*, que nous verrons cette année, il composera ceux du nouveau ballet de Tchérepnine : *le Masque de la Mort rouge*.

Ce jeune homme a des idées très personnelles sur la peinture théâtrale. Si j'ai bien compris moi-même sa profession de foi assez compliquée, il veut donner une place à la peinture pure au théâtre : le décor est pour lui une unité qui a sa propre valeur et qui participe à l'action théâtrale. Soudeïkine est un coloriste par excellence qui professe la synthèse de la couleur. Il aime d'autre

part à faire du fantastique une réalité, et après avoir choisi le style du sujet qu'il traite il donne à son décor une facture qui s'accorde avec ce style. Vous ferez ces théories philosophiques, un peu vagues pour moi, ce que vous voudrez. En attendant, voyons ce que sont les décors qu'il a faits pour *la Tragédie de Salomé*, de Florent Schmitt. A ce sujet voici ce qu'il m'a raconté lui-même. Le rideau se lève sur une grande toile peinte qui doit traduire les idées musicales de l'introduction du ballet dans le langage de la peinture, c'est-à-dire que la forme du développement musical est rendue par le dessin et les sonorités par la gamme des couleurs. Ses décors ne sont pas seulement des peintures, mais aussi, et même plutôt, des symboles. Ainsi la draperie d'or symbolise Salomé en tant que reine. Le ciel étoilé et les séraphins ailés des panneaux figurent le séjour de Jochanaan dans le désert. L'apparition de Salomé dans le ciel est une allusion à la légende de Salomé errant dans l'au-delà, et transformée en comète avec l'éternelle tête de Jean-Baptiste.

La coloration des décors n'est qu'un entourage qui concentre l'action. Soudeïkine considère l'or, le noir, le blanc et le rouge solférino comme la définition de la gamme ultra-violette. Dans le costume on découvre aussi une innovation : le cubisme de la coupe, la simplification de l'ornementation qui n'enlève rien à la complexité du mouvement.

Et voilà. Est-ce bien compris? A vrai dire, pour moi, les décors de ce jeune peintre sont beaucoup plus séduisants et beaucoup plus significatifs que toutes ces théories de la philosophie cubiste. C'est le décor qui doit parler et non pas le peintre. Et je me prive volontiers de commentaires si la peinture me dit quelque chose. C'est précisément là le cas des décors de Soudeïkine.

VALÉRIEN SVETLOFF.

Danseurs et Danseuses du " Sacre du Printemps ".

(Photos Gerschell).

異教の儀式で、春を迎えるために処女が生贄に捧げられるというストーリーの『春の祭典』。ストラヴィンスキーの音楽だけでも十分に刺激的だが、ニジンスキーのおよそバレエらしからぬ独特の振付が加わった革新的舞台だった。上はバレエ・リュスの公式プログラム。古代ロシアの異教の人々をイメージした衣裳はレーリヒによる。

続く『遊戯』は前作ほどは話題になりませんでしたが、スポーツを題材としたモダンな装いのバレエで、テニスボールを追ってダンサーが登場し、退出するという作りも含めて瀟洒な美しい小作品でした。『春の祭典』と同年の初演だったために話題としてはかき消された感があります。

『春の祭典』の初演時の劇場の〝騒動〟は演劇『ユビュ王』としばしば比較されます。『ユビュ王』は「メルド！（糞ったれ）」という一言目で劇場が喧噪に包まれたといいますが、『春の祭典』はストラヴィンスキーの不協和音に満ちた、暴力的といってもいいリズムの音楽と出てきたダンサーの動きすべてに観客が騒ぎ出したのでした。ニジンスキーが初めて振付家に徹し、出演しなかったことも騒ぎを大きくした理由でしょう。映画などでは実際よりも大げさに描かれてはいますが、今でも海外では観客が舞台に遠慮なく反応します。不満のある舞台にブーイングが出たり、客席の中央に座る人が上演途中で列のほかの人に立ってもらわないと出られないにもかかわらず、退席していくのは当たり前に見られる情景です。観客が批評的視線で見て反応することは当然とされており、当時もそれは同じで、声を上げる人がいたのも事実です。そして騒ぎに対してディアギレフが「最後まで聞いてくれ」と言ったのも事実でした。

ディアギレフはこうしたスキャンダルを歓迎した節があります。つまり、スキャンダルは話題になりチケットが売り切れるからです。ディアギレフには芸術監督的立場と興行師的立場の両方の顔があったのです。『春の祭典』で、ダンサーは皆内向きの足、内に落とした肩、傾けた顔、そしてトウ・シューズは一切登場せず、足をどんどんと踏み鳴らして踊るというバレエを根本から否定しかねない振付で踊りました。現在なら即座に「これはバレエではない」と言われたでしょう。当時もそうした批判はありましたが、バレエ・リュスは新しいものを追い求める姿勢を崩すことはありませんでした。ただ、一方でニジンスキーの後継者と呼べる人が生まれなかったのはその振付があまりにもバレエを逸脱した、バレエを内側から破壊しかねないものだったからでもあるのでしょう。

ニジンスキーはディアギレフが同行しなかった南米ツアーの途中で突然、コールド・バレエに参加するという形で彼を「追いかけていた」熱狂的なファンの一人、ロモラ・ド・プルツキーと結婚し、バレエ・リュスを解雇されることになります。こうした結婚によるダンサーの

『ユビュ王』
アルフレッド・ジャリの戯曲（1888年）。1896年上演され、幕あきの第一声〈糞ったれ！〉は観客の怒号と嘲笑で迎えられた。不条理劇として後のシュルレアリストたちに再評価された作品。

『遊戯』を描いたバレエ・リュスの公式プログラムのページ。初演ではニジンスキー、カルサヴィナ、リュドミラ・ショラーが踊った。

脱退は繰り返されました。しかし、それがバレエ団の新陳代謝を促したのですから、皮肉なことでもありました。ディアギレフはスター・ダンサーが彼のもとを去るたびに「スターはいくらでもいる」と言う一方で「でもニジンスキーは一人だ」と語ったと伝えられています。それほどまでにニジンスキーの天性もディアギレフにとっての重要性も特別なものだったのでしょう。

『遊戯』の美術は木立に囲まれ、ロンドンのベッドフォード公園に想を得たもの。衣裳も当時のテニス・ウェアでそのまま舞台に上った。女性2人と男性1人という構成でテニスゲームに恋愛ゲームを重ねるという流れになったが、当初は男性3人の同性愛的な関係を描こうというニジンスキーの意図があったともいわれる。

レオニード・マシーン
Leonide Massine,

　ニジンスキーを解雇することはつまりスター・ダンサーと振付家を同時に失うことを意味しました。ディアギレフはすぐさま次のスターを探す必要に迫られ、ロシアに戻りました。その時モスクワで見つけたのがマシーンでした。まだレオニード・ミャーシンという名で『白鳥の湖』のタランテラなどのそれほど重要でない役を踊っていました。本人はダンサーとしては芽が出ないので、そろそろ役者になろうと考えていた頃でした。そんななか、ディアギレフからぜひ会いたいというメッセージをもらい、驚くと同時に、絶対に断ろうと思ってディアギレフとの面談に彼の指定したホテルに出向きました。それにもかかわらず、気づいたら「はい、喜んで。入団させてください」と答えてしまったのでした。すぐに『ヨゼフ物語』オーディションのためサンクトペテルブルクに渡り、1914年入団。そして以後1921年に女性問題による解雇まで踊り、振付方面でも活躍しました。

　ちなみにこの時のロシア帰国がディアギレフにとっても生涯最後のロシアでの時間となってしまったのでした。これは本人も予想しなかったことでしょう。

　『ヨゼフ物語』振付にディアギレフの必死の説得で呼び戻されたフォーキンですが、マシーンがあまりにも踊れなかったため振付を簡単にしたらポーズの連続になってしまったと彼を酷評しています。しかもマシーンの役どころは羊飼いで、短い衣裳だったところから脚がほとんどあらわとなり『レジェンド・ド・ヨゼフ（『ヨゼフ物語』のフランス語）』をもじって「レジャン・ド・ヨセフ（ヨセフの脚）」と呼ばれたほどでした。

　しかしマシーンは訓練を重ね、またディアギレフに励まされ、振付家として『真夜中の太陽』というロシアの民話を題材とした作品で頭角を現します。そしてその後、第1次世界大戦中に中立国だったスペイン滞在での影響が窺える振付作品『三角帽子』『プルチネッラ』などを次々と披露していきました。

レオニード・マシーン

［1895〜1979年］
モスクワ出身のダンサー、振付家。バレエ・リュス解散後は、自分のカンパニーやゲストでさまざまなバレエ団に属して活躍した。

『ヨゼフ物語』

1914年パリで初演。振付フォーキン、音楽リヒャルト・シュトラウス、衣裳レオン・バクスト。

『真夜中の太陽』

1915年ジュネーヴで初演。振付マシーン、音楽リムスキー＝コルサコフ。古典ロシアの太陽神を迎える儀式の伝説をバレエ化した。

美術・衣裳はミハイル・ラリオノフ。

ブロニスラワ・ニジンスカ
Bronislava Nijinska

ニジンスカはニジンスキーの妹で、バレエ・リュス唯一の女性振付家でした。『牧神の午後』の振付は実は共同で行われたもので、今ならば2人の連名でクレジットされていたでしょう。幼い頃から兄ニジンスキーを尊敬し、追いかける形でバレエを始め、そしてバレエ・リュスへの入退団もニジンスキーと一緒でした（1909年入団、13年退団）。ディアギレフはニジンスカの才能を高く評価していたからこそ、バレエ・リュス唯一の全幕作品『眠れる森の美女』(1921)の上演にあたってニジンスカを呼び戻し、追加振付を彼女に任せたのです。彼女が手掛けた〈三人のイワン〉は後のディヴェルティスマンでも繰り返し上演されたのでした。ほかにもニジンスキー振付『遊戯』と共通のスポーツをテーマにした『青列車』、当世版『レ・シルフィード』をというディアギレフの要請に応えた『牝鹿』ではパリ・モダンをふんだんに取り入れ、『結婚』ではロシアのフォークロア的な結婚を描くなど、次々に優れた作品を振り付けました。しかし、ニジンスカはバレエ・リュスを離れていた間に抽象的な振付作品も上演しており、そうした作品をめぐってディアギレフと意見が折り合わず、ニジンスカは1924年再びバレエ・リュスを後にしたのでした。

ブロニスラワ・ニジンスカ
［1891〜1972年］
ミンスクに生まれ、後にアメリカに帰化してカリフォルニアで死去。ダンサー、振付家。バレエ・リュス退団後はポーランド・バレエの芸術監督に就任、ロサンゼルスにバレエ学校を開校し、各国のバレエ団で振付家として活躍。

『牝鹿』
1924年モンテカルロで初演。振付ニジンスカ、音楽プーランク、美術・衣裳マリー・ローランサン。

『結婚』
1923年パリで初演。振付ニジンスカ、音楽ストラヴィンスキー、美術・衣裳ナタリア・ゴンチャロワ。

ローランサンの美術が話題を呼んだ『牝鹿』。

『結婚』で花嫁役のフェリア・ドゥブロフスカ。

アントン・ドーリン
Anton Dolin

『青列車』(1924)に主演したドーリンは元々アクロバットの一族という経歴の持ち主です。バレエ・リュスには最初『眠れる森の美女』でパトリキエフという「ばかばかしい芸名」(本人談)で参加した後、1924年に入団します。本名はシドニー・フランシス・パトリック・ヒーリー・ケイというまったく違う名前で、アントン・ドーリンはディアギレフが名づけたものです。ディアギレフはしばしばダンサーの名前を呼びにくいという理由や、ロシア人風にした方が良いという理由から変えています。ドーリンもそうした一人でした。

彼の身体能力は並はずれたものがあり、バックステージでしばしばバク転などをして見せていたようです。その姿を見たジャン・コクトーは彼を気に入っていたこともあり、ドーリンを中心にしてその能力を見せる作品を創りたいと考えました。振付のニジンスカとはしばしば争いが起こりましたが、その結果生まれたのが『青列車』でした。ドーリンはバレエ・リュスの外でも活躍したいと考えたため、契約満了後、ディアギレフから延長の申し出があったにもかかわらず、一座を去ります。しかし、その後バレエ・リュスでの活動の意義を改めて感じ、再三復帰を願い出たのでした。しかし、ほかのスターの存在などの理由からなかなか実現せず、1928年ようやく復帰が認められ、1929年の最後のシーズンまで出演し続けました。『放蕩息子』『舞踏会』といったバレエ・リュス最後の作品に出演しています。

アントン・ドーリン

［1904～1983年］

英国出身のダンサー、振付家。バレエ・リュスで踊る一方で自身のカンパニーを結成。バレエ・リュス解散後は英国バレエの重要なカマルゴ協会の創立メンバーとなる。世界中のバレエ団に出演、振付をする。

ジャン・コクトー

［1889～1963年］

フランスの芸術家。詩人、小説家、劇作家、評論家。また、画家、映画監督、脚本家としての活動もよく知られており、ディアギレフのバレエ・リュスの活動にも深く関わった。

『放蕩息子』

1929年パリで初演。振付バランシン、音楽プロコフィエフ、美術・衣裳ジョルジュ・ルオー。

『舞踏会』

1929年モンテカルロで初演。振付バランシン、音楽ヴィットリオ・リエーティ、美術・衣裳ジョルジオ・デ・キリコ。

セルジュ・リファール
Serge Lifar

　続く、リファールはバレエ・リュス最後のスターでした。彼はニジンスカの教え子の一人で、バレエ・リュスへは1923年にオーディションで入団しました。元々自己顕示欲が強く、芝居がかったところがあったようですが、その美しい身体と巧い受け答えでドーリンとともにディアギレフの寵愛を受け、ドーリン退団後はそれを独占しました。ディアギレフは彼の鼻を整形すれば完璧になると、リファールの鼻を整形させ、実際それによって彼の容姿と身体は完璧に美しいものとなったのでした。ダンサーとしては入団時には不足な点もあったようですが、良い役のために鍛錬し、高い技術を身につけました。唯一の振付作品はニジンスカ振付『狐』の改訂版で、それもディアギレフらに相談してようやく完成したありさまで、バレエ・リュスにおいては、振付家として活躍する前にバレエ・リュスは解散してしまったのでした。

ジョルジュ（ジョージ）・バランシン
George Balanchine

　バランシンは元々振付家で、ダニロワらと「ソヴィエト国立舞踊団」という小グループを結成してロシアを去り、バレエ・リュスには1924年入団しました。ダンサーとしても非常に魅力的で独特のユーモアがある踊りを得意としました。しかし1927年に半月板手術を受けたのがうまくいかず、踊れなくなり、振付家に専念することになります。バレエ・リュ

『ミューズを導くアポロ』
1928年パリで初演。振付バランシン、音楽ストラヴィンスキー、美術・衣裳アンドレ・ボーシャン。

スでは『ネプチューンの勝利』『パストラル』『ミューズを導くアポロ』『舞踏会』『放蕩息子』などを手掛けました。振付は非常に速かったものの、舞台ギリギリに振りが変わることも多々あり、ダンサーたちは大変苦労したようです。それまでのバレエ・リュスの振付家にはいなかったタイプでした。

セルジュ・リファール
［1905〜1986年］
キエフ生まれのロシア人ダンサー、振付家。バレエ・リュス解散後はパリ・オペラ座の芸術監督に就任。1958年退任後も各国のバレエ団で活躍した。1953年来日。

『狐』改訂版
もともと1922年ニジンスカが振付した動物だけのバレエ。音楽ストラヴィンスキー。29年リファールの新振付で改訂版が制作される。

ジョルジュ・バランシン
［1904〜1983年］
ロシア出身のダンサー、振付家。バレエ・リュス解散後渡米し、ニューヨーク・シティ・バレエを創設。生涯200以上の振付作品を手掛けた。渡米後の名前がジョージ。

『パストラル』
1926年パリで初演。P94参照。

『ネプチューンの勝利』
1926年ロンドンで初演。振付バランシン、音楽ロード・バーナーズ。英国を舞台とした現代版妖精物語。ヴィクトリア時代の子供向け版画に想を得た舞台美術が効果的に使われた。

『オード』舞台全景。ロープでさまざまな図形を作りながら踊る。

ボリス・コフノ
Boris Kochno

　ダンサーではありませんがコフノはロシアからの亡命者で、ディアギレフと出会い、1921年に秘書として雇われます。当時まだ17歳だったコフノは何をやっていいかわからず、静かに彼の傍らに座り、2日目に「ところで、僕は何をしたらいいのでしょうか」と勇気を奮って尋ねるとディアギレフは「君の仕事は私にとってなくてはならない存在になることだ」と答えたのでした。そして、その答えにふさわしい働きをすべく、彼は努力し、真の片腕として活動し、その後ディアギレフに恋人ができても最も重要な「秘書」であり続けたのでした。『うるさがた』『牝猫』『オード』『放蕩息子』のバレエ台本作家としても活躍するなどバレエ・リュスの作品制作にも欠かせない人物となったのです。

ボリス・コフノ

［1904〜1990年］

ロシア出身。コフノの台本で聖書や神話をベースにしたバレエ作品が生まれる。バレエ・リュス解散後もバレエ界で活躍、ローラン・プティとのカンパニーでは共同監督を務めた。

『うるさがた』

1924年モンテカルロで初演。振付ニジンスカ、台本コフノ、美術・衣裳ジョルジュ・ブラック。モリエールの恋愛劇から作られた。

『オード』

1928年パリで初演。振付マシーン、音楽ニコライ・ナボコフ、台本コフノ。世界の創造を表現した作品。

『牝猫』

1927年モンテカルロで初演。振付バランシン、音楽アンリ・ソーゲ、台本コフノ。台本はイソップ物語に想を得たストーリー。

セルジュ・グリゴリエフ
Serge Grigoriev

　グリゴリエフはロシア帝室バレエ団のダンサーで、バ
レエ・リュスでも最初のシーズンから参加していただけ
でなく、バレエ・マスターとして活躍しました。ダンサー
としての活動以上にグリゴリエフは20年間を通じて「レ
ジスール・ジェネラル」つまり現在の言葉で言うならば
ビジネス・マネージャーとして契約を結んだり、ダンサー
間の問題を解決したりという縁の下の力持ちの一人とし
てディアギレフを支えました。またディアギレフの突然
の死後、ダンサーたちの活躍の場を確保したり、相談に
乗ったりとバレエ・リュスにとってなくてはならない重
要な人物でした。後にバジル大佐のバレエ・リュス・ド・
モンテカルロ結成にあたって彼に声がかかったのも当然
のことでした。

セルジュ・グリゴリエフ
［1883〜1968年］
ロシアのダンサー、バレエ・マスター。
ディアギレフの側近として最後まで一
座のために尽力する。1932年バジル
大佐のバレエ・リュス・ド・モンテカ
ルロに加わり解散するまで在団。

バジル大佐
［1888〜1951年］
ロシアのバレエ興行師、バレエ・リュ
ス・ド・モンテカルロを1932年ルネ・
ブルムと結成、共同監督となるが、36
年ブルムが去り、38年マシーンが去っ
た後はいくつかのバレエ団名を使いな
がら死まで活動。

タマラ・カルサヴィナ
Tamara Karsavina

　女性ダンサーで誰よりもバレ
エ・リュスを体現したといえるの
が、カルサヴィナです。ダンサー
一家に生まれ、父プラトン・カル
サヴィンもロシア帝室バレエ団の
ダンサーで教師を務めていました。
1909年からバレエ・リュスに参加、
20年にわたって活躍し続けまし
た。踊りの技術が優れていただけ
でなく、理知的な人物としても愛
されました。またニジンスキー、
マシーン、リファールといったバ
レエ・リュスのスター・ダンサー
のパートナーを務め、その育成に
も貢献したことはあまり注目され
ていないかもしれません。ニジン
スキーと『ジゼル』を踊った時、
若いリファールと『火の鳥』を踊っ
た時に彼らにパートナーの在り方

をそれとなく指導したエピソードが伝わっています。
1918年にロシアから亡命し、英国に移住、彼女が英国
ロイヤル・バレエ団の結成に果たした役割も忘れ難いも
のがあります。

タマラ・カルサヴィナ
［1885〜1978年］
ロシア出身のダンサー。ディアギレフ
のバレエ・リュスに全期間参加。イギ
リス人外交官と結婚してロンドンに移
住。その後もディアギレフの一座にゲ
スト出演するなど活躍したが、引退後
は英国バレエの発展に努めた。

イダ・ルビンシュテイン
Ida Rubinstein

イダ・ルビンシュテインは純粋なバレエ・ダンサーというより今の言葉で言えばパフォーマーに近いかもしれませんが、バレエ・リュス初期、極めて重要な人物でした。イダはすらりとした長身で独特の両性具有的な魅力で知られました。女優として『サロメ』を演じた後、フォーキンにバレエの個人レッスンを受け始めたのが19歳と遅いスタートでした。しかし、彼女独特のオーラを放つスター性にバクスト、フォーキンらも注目し、彼らの推薦でディアギレフはイダに会ったのでした。元々プロフェッショナルでない人物を舞台に上げたくないと考えていたディアギレフは気が進まなかったのですが、彼女を一目見てその考えを変え、すぐに雇うことを決めました。実際『クレオパトラ』(1909)のタイトルロール、『シェエラザード』(1910)の寵妃ゾベイダ役ではその存在感が独特の印象を与え、プルーストやダヌンツィオなどの作家が熱烈な崇拝者となりました。その後、イダは自分もダンサーとして踊りたいという思いが果たされなかったため一座を離れ、自らカンパニーを立ち上げるなど活動を続けますが、1920年再び寵妃ゾベイダ役としてバレエ・リュスに出演しています。なかなか代わりが見つからないほどの存在感だったのです。

フォーキン振付の『クレオパトラ』(1909年初演)。ルビンシュテインは舞踊というより個性的な美の力で観る人を圧倒した。

イダ・ルビンシュテイン
[1885〜1960年]

ロシア出身のダンサー、女優。裕福な家庭に生まれ、音楽、舞踊、演技を学ぶ。バレエ・リュスを中心とした一座を断続的に運営。退団後、豊富な私財で多彩な芸術家との交流を活かした作品を発表し、1939年まで活躍。

マルセル・プルースト
[1871〜1922年]

フランスの作家。ベル・エポックの世相を著した『失われた時を求めて』はあまりにも有名。

ガブリエーレ・ダヌンツィオ
[1863〜1938年]

イタリアの詩人、作家、劇作家。1910年フランスに移り住み、11年、聖史劇『聖セバスチャンの殉教』(音楽ドビュッシー、振付フォーキン、美術バクスト)を発表。

アンナ・パヴロワ
Anna Pavlova

　アンナ・パヴロワはバレエ・リュスで活躍するより早く、1908年から欧州で巡業し、名声を得ていましたので、ディアギレフは１年目のバレエ・リュスにはその宣伝力も含めてぜひにと参加を願ったのでした。彼女が「看板」であったことは、バレエ・リュス初年度のセローフによるポスターが『レ・シルフィード』を踊るパヴロワの姿だったことからも明らかでしょう。ですが、彼女としてはロシアで公演実績のないバレエ団であり、ロシア帝室劇場と衝突した人物でもあるディアギレフのカンパニーに参加することには迷いもあったとみられ、公演初日には参加せず、途中参加となったのでした。『アルミードの館』『レ・シルフィード』を踊る彼女の姿は高く評価されましたし、その魅力も比類のないものだったことはディアギレフも認めています。ストラヴィンスキーは彼女の大ファンでもあり、1910年バレエ・リュスが初めてすべての要素を一から創った真の意味でのバレエ・リュス・オリジナル作品『火の鳥』を上演する際、主役にパヴロワを望んでいます。しかしパヴロワは「こんな騒音みたいな音楽では踊りたくない」と拒否し、1912年以降はバレエ・リュスとは目指すところが違うと二度と参加することはなかったのです。バレエ・リュスに参加はしたものの、個人としての公演活動の方が長く広範囲に続きました。パヴロワについてはまた次章で紹介します。

アンナ・パヴロワ
［1881〜1931年］
ロシア出身、20世紀の伝説的ダンサー。
P69、129、142参照。

ANNA PAVLOVA

アンナ・パヴロワがバレエ・リュスの一員として最後に踊ったのは1911年、ロンドン公演。以降は、パヴロワ自身が座長となり、バレエ・コンサート形式の公演を精力的に行っていく。左は1921年6月パリのトロカデロ宮でのアンナ・パヴロワ一座の公演プログラム表紙（＊）。

パヴロワは帝室バレエ団で、次にバレエ・リュスで活躍する。そして世界中を巡演することによりバレエの伝道師となる。

アリシア・マルコワ
Alicia Markova

　後にバレエ・リュス再結成を夢見て結成されたバレエ・リュス・ド・モンテカルロは「ベイビー・バレリーナ」を看板としますが、自分こそが本当のベイビー・バレリーナだったと言っているのがアリシア・マルコワです。英国生まれの初のバレエ・リュスのダンサーでもあり、1925年14歳で一座に参加しています。マルコワも英国のロイヤル・バレエ団の結成に大きな足跡を残すことになります。

 ## アレクサンドラ・ダニロワ
Alexandra Danilova

　ダニロワはロシアでロシア帝室バレエ団（当時はGATOB）で活躍した後、バランシンとともに西側に亡命して各国で踊り、1924年からバレエ・リュスに参加したダンサーでした。優れた表現力と技術で、『ネプチューンの勝利』『ミューズを導くアポロ』『舞踏会』などバランシン作品を踊り、後にバレエ・リュス・ド・モンテカルロでも重要な役割を演じることになります。

　バレエ・リュスは1929年ディアギレフの死とともに解散しますが、蒔かれた多くの種、育てられた苗はバレエ・リュス・ド・モンテカルロ、そして世界へと広がっていくのです。

アリシア・マルコワ

［1910-2004年］

イギリス人として初めて、ジゼル、オデット＝オディールを踊ったダンサー。バレエ・リュスには1925〜29年所属。バレエ・リュス・ド・モンテカルロや、ドーリンと組んで各国で踊る。現役引退後は63年にメトロポリタン歌劇場バレエ監督となる。

ベイビー・バレリーナ

10代前半の看板ダンサーで、バレエ・リュス・ド・モンテカルロが、打ち出したスター・システム。P149参照。

アレクサンドラ・ダニロワ

［1903〜1997年］

ロシア出身のダンサー。バレエ・リュス解散後もさまざまなツアリング・カンパニーで踊り、人気を集めた。現役引退後はニューヨークでバレエ公演の演出・振付を手掛け、バレエ教師としても活躍。来日公演も果たしている。

ダニロワはバランシンの初演作品のほか、『白鳥の湖』オデット＝オディール役や『コッペリア』のスワニルダ役でも有名。

バレエ・リュスと芸術家たち

マリー・ローランサン

ココ・シャネル

《牝鹿と二人の女》

マリー・ローランサンは1923年、ディアギレフから『牝鹿』の舞台美術と衣裳デザインを依頼される。彼女の絵画に触発された楽曲がきっかけで生まれた演目で、その作曲者フランシス・プーランクからの推薦だったという。1924年、バレエ『牝鹿』は初演を迎える。前年に描かれた本作には舞台制作への想いも込められている。
マリー・ローランサン
1923年／ひろしま美術館蔵

（ローランサン）
Marie Laurencin

マリー・ローランサンは、同時代に活躍した画家マティス、ドラン、ピカソ、ブラックに触発されながらも、その様式を模倣することなく、パステルカラーの独自の画風を生み出した。バレエ・リュスではニジンスカ振付の『牝鹿』で美術・衣裳デザインを担当。ほかにソワレ・ド・パリの『薔薇』やトゥマノワのデビュー作『ジャンヌの扇』、プティ作品等も手掛けた。

左より『牝鹿』舞台全景。レオン・ヴォイジコフスキー、リディア・ソコロワ、ニコライ・ズヴェレフ。

1920年代は女性芸術家も活躍した時代です。バレエ・リュスでも画家マリー・ローランサンやクチュリエとして成功したココ・シャネル、バレエ・リュス唯一の女性振付家ブロニスラワ・ニジンスカが作品を手掛けています。

『牝鹿』(1924)はディアギレフの「現代の『レ・シルフィード』を作りたい」、つまり1920年代の情景バレエを作りたいという発案で生まれました。女主人が主宰する「サロン」を舞台に、男女、女性同士、男性同士といったさまざまな戯れの関係が軽快に描かれました。ニジンスカの振付をローランサンによるパステルカラーの衣裳が彩った1920年代らしい作品。同じくローランサンによるシンプルなブルーのソファー1つだけの舞台美術が効果的に使われる様子も印象に残ります。

『青列車』(1924)はタイトルになっている当時人気の夜行列車は登場せず、到着先のビーチを舞台とした作品。売れっ子だったシャネルによる最新の水着と大きな人造パールのイヤリングといった最先端の流行が舞台を彩りました。若いダンサーたちが憧れのシャネル・ブティックでのフィッティングにうきうきした様子なども手紙に残っています。平泳ぎやクロールといった水泳の動きを用いた振付、当時誰もが知る有名テニス・プレーヤー、ラグラン嬢の特徴的なポーズ、プレーボーイで名を馳せた英国皇太子がゴルフを楽しむ様子など実在の人物から想を得たキャラクターも話題でした。また当時流行した空から告知の紙を撒く広告の方法や、目新しいフラッシュ付きコンパクトカメラ、日焼けオイルといった小物が使われ、最新のモードが凝縮された作品となりました。

一部では「お針子」と蔑まれたシャネルは1920年の『春の祭典』再演のための出資をディアギレフが受け入れたことで社交界に認められ、こうして作品を担う存在になったのです。

(ココ・シャネル)
Coco Chanel

シャネルはバレエ・リュスの大パトロネス、ミシアの紹介でバレエ・リュスに触れ、ディアギレフと知り合った。1920年には『春の祭典』の資金を提供し、「お針子」から「社交界の女王」の一人になった。1924年『青列車』の制作に参加して、バレエ・リュスで衣裳デザイン、制作を手掛けた唯一のクチュリエとなる。ディアギレフの死に際してはすべての葬儀費用を出すなど、長きに亘りバレエ・リュスを支えた一人でもある。

「美女」のリディア・ソコロワと「美男」のアントン・ドーリン、衣裳はどちらも当時の水着。

『青列車』舞台全景。美術は彫刻家アンリ・ローランス。ドーリンのアクロバティックな動作から生まれた振付の一瞬をとらえている。

（ マティス ）
Henri Matisse

『ナイチンゲールの歌』のために東洋の収蔵物で名高いギメ美術館に通い、非常に熱心に研究したうえでデザインした。手ごたえは感じたものの、自分が熱心になりすぎるとして後に依頼された『放蕩息子』は断った。代わりに『放蕩息子』を手掛けた画家ルオーや、ドランとともにフォービズムの画家として知られる。

左より「ナイチンゲール」タマラ・カルサヴィナ、ナイチンゲールとマティス、振付のレオニード・マシーン、日本の甲冑のような衣裳。

（ ブラック ）
Georges Braque

モリエールに想を得たバレエ『うるさがた』(1924)で初めてバレエ・リュスに参加、ルイ14世風デザインを手掛けた。後に『ゼフィールとフロール』で美術・衣裳を担当。ボーモン伯爵の「ソワレ・ド・パリ」のマシーン振付『サラダ』でも衣裳を手掛けている。ピカソとともに当時、キュビズムの画家として知られていた。

左より『ゼフィールとフロール』のアレクサンドラ・ダニロワとニネット・ド・ヴァロワ、『うるさがた』のニネット・ド・ヴァロワ、タデ・スラヴィンスキー。

（ キリコ ）
Giorgio de Chirico

シュルレアリスムの画家としてパリで活躍した。バレエ・リュスの仕事の前にバレエ・スエドワで『壺』の美術・衣裳を手掛けている。最後の作品となった『舞踏会』はそれまでにない建築モチーフを取り入れた衣裳など評判になった。後にバレエ・リュス・ド・モンテカルロ、プティの作品も手掛けた。

左よりアレクサンドラ・ダニロワとアントン・ドーリン、セルジュ・リファールとリディア・ソコロワ。よく見るとリファールの眉もデザインされている(1929)。

（ ルオー ）
Georges Rouault

『放蕩息子』(1929)はバレエ・リュス最後の作品。
ルオーが美術を手掛けた唯一のバレエである。
ルオーに依頼を決定したのは、ディアギレフら
が画商の紹介でパリ在住の絵画コレクター、福
島慶子の家でルオー作品を見たことによる。

「サロメ」のカルサヴィナ。セルゲイ・スデイ
キンによる衣裳・美術デザイン。

オスカー・ワイルド作『サロメ』の
世界観を映したビアズリー風バレエ

『サロメの悲劇』はバレエ・リュスで
唯一ボリス・ロマノフ振付の作品
(1913)。世紀末から続いた「サロメ」
の流行に乗ったバレエともいえるが、
英国の画家ビアズリーの絵が動いて
いるかのような美しさは特筆すべき
もので、観客に強い印象を残した。
ロマノフは1916年にスミルノワと来
日して帝国劇場に出演したが、現在
ほとんど忘れられている。

放蕩息子の友人、誘惑者セイレーン、仲間たち。

ルオーは大変な恥ずかしがり
屋で、初演の日も舞台挨拶に
は登壇せず早々に劇場を出て
帰宅してしまったほど。

ユトリロは日本でも非常に人気のある画家だが、たった一
つだけ『バラボー』(1925)というバレエのデザインを手掛け
たことはほとんど知られていない。イタリアの作曲家リエー
ティの音楽から想を得たバランシン振付による"くすっと笑
える面白い作品"だったという。ディアギレフはイタリア画
家に依頼しようと考えたが適当な画家がおらず、ボリス・コ
フノの推薦でユトリロに決まった。

（ ユトリロ ）
Maurice Utrillo

絵画でもしばしば描かれたシルエットだ
が、このデザインに従って腰に詰めもの
の入った女性の衣裳が作られた。

ユトリロがよく描いた、教会のある古い街
並みがそのまま舞台美術デザインとなった。

Column　バレエ・リュスに貢献したロシアの作曲家

　ディアギレフには「ロシア五人組」の他に４人の息子といわれる音楽家がいました。

　１人目はもちろん、イーゴリ・ストラヴィンスキーです。ディアギレフは1909年に開催されたリムスキー゠コルサコフの追悼コンサートで『花火』『スケルッツォ・ファンタスティック』の初演に立ち会いました。そこで才能を確信し、すぐに『レ・シルフィード』の編曲を依頼したのです。そして、初めてすべての要素をバレエ・リュスのために新制作したバレエ『火の鳥』もストラヴィンスキーが手掛けたものでした。この後も『春の祭典』から『ミューズを導くアポロ』までバレエ・リュスと最も長く深い関係を築いた作曲家でした。ディアギレフのバレエ・リュス最後の振付家だったバランシンに絶大な信頼を寄せ、その後、二人の協力関係はバレエ・リュス・ド・モンテカルロ、ニューヨーク・シティ・バレエと長く続くのでした。

　第二の息子はセルゲイ・プロコフィエフです。９歳でオペラを作曲したという早熟な天才でした。ストラヴィンスキーの『火の鳥』の音楽を聞いた時にはリムスキー゠コルサコフの模倣に聞こえたそうですが、バレエ作品『火の鳥』にはすっかり魅了されて、劇場に通い詰めます。そしてすぐにディアギレフに認められ、1915年には『道化師』の作曲を手掛けました。

ロシア民話をもとにした物語で、ゴンチャロワによる衣裳と美術が印象的な作品でした。振付はスラヴィンスキーが手掛け、後にバレエ・リュス・ド・モンテカルロでも再演されています。亡命後、1920年からパリに住み1925年に『鋼鉄の歩み』を作曲、ロシア構成主義のヤクーロフが美術・衣裳を手掛ける印象的な作品となりました。動く舞台美術も新機軸でした。その評判も高く、1929年には『放蕩息子』が誕生したのでした。ドラマティックで重厚な音楽は作品テーマともよく合い強い印象を残しました。今ではプロコフィエフといえば『ロメオとジュリエット』がまず思い出されますが、実はこれはバレエ・リュス解散後の初演（1938年）でした。

　第三の息子はウラジーミル・デュケルスキーでした。後にジャズの世界で名を上げることになるヴァーノン・デュークの本名です。デュケルスキーが21歳の時にディアギレフと学生時代からの長い友人関係でもあったワルター・ヌヴェールがその才能に驚き、ディアギレフに紹介したのが始まりでした。独特のエキゾティックな顔立ちも相まって、ディアギレフの関心をひき、２日後にはサロンでディアギレフに演奏を聞いてもらえることになりました。若い才能に賭けることには躊躇のなかったディアギレフが早速作曲を依頼し、『ゼフィールとフロー

ル』が生まれたのです。マシーン振付の作品でリファールとドーリンとニキーチナという豪華なメンバーが初演しました。ジャズ嫌いのディアギレフは面識のあったコール・ポーターを認めなかったのですが、デュケルスキーには才能を感じたのでした。

　そして最後、4人目の息子はイーゴリ・マルケヴィチでした。16歳と非常に若くしてディアギレフに出会い、ディアギレフの最後の恋の相手でした。彼の作曲中のシンフォニエッタを聞いたディアギレフは才能を確信し、バレエ・リュスの次代の作曲家として大きな期待を抱きました。その道筋をつけるべく、1929年7月には英国ロイヤル・オペラ・ハウスで演奏会を開催。翌年には『王の服』でバレエ

作曲家としてデビューさせる予定で、台本も仕上がり、美術・衣裳はピカソに依頼され、ディアギレフが生きていれば、初演されていたはずでした。

　死の数日前までディアギレフはともに旅をし、自分が才能を確信した若者に対していつもそうしてきたように、最高の舞台、最高の音楽、最高の美術に触れるという機会を与えたのでした。ディアギレフが死ぬとは誰も思っていませんでした。

　マルケヴィチはバレエ・リュスでの初演は実現しませんでしたが、バレエ・リュス・ド・モンテカルロで『美しきダニューブ』を初演するなどバレエに関わり続けました。デビューがバレエ・リュスだったらまた違う人生だったのかもしれません。

ストラヴィンスキー作曲『火の鳥』はバレエ・リュスの記念碑的作品となった。写真はカルサヴィナとボルム。

ディアギレフによるバレエ・リュスの時代

1896年 ―― 1929年

1896年	・第1回近代オリンピック開催
1897年	◆ディアギレフ、ロシアのシュティーグリッツ美術館で初の美術展開催
1898年	◆ディアギレフ、雑誌『芸術世界』創刊（～1904）
1899年	◆ディアギレフ、ロシア帝室劇場に「特別任務要員」として迎えられ、年鑑の編纂を行う（～1901）
1904年	・日露戦争勃発
1906年	◆ディアギレフ、パリ、サロン・ドートンヌにてロシア美術展開催
1907年	◆ディアギレフ、パリ・オペラ座にてロシア音楽祭開催（シャリアピン、パリ・デビューとなる）
1908年	◆ディアギレフ、パリ・オペラ座にてオペラ『ボリス・ゴドゥノフ』上演
1909年	◆パリ、シャトレ座で初のロシア・シーズン開幕
1910年	◆バレエ・リュス初のオリジナル作品『火の鳥』初演、以後はわずかな例外以外はすべてがオリジナル作品となる
1911年	◆『薔薇の精』『ペトルーシュカ』『白鳥の湖』(全2幕)初演
1912年	◆『青い神』『牧神の午後』『ダフニスとクロエ』初演
1913年	◆『遊戯』『春の祭典』初演、ニジンスキーがロモラとの結婚により解雇される
1914年	・第1次世界大戦勃発　ベル・エポック終焉
1915年	◆ディアギレフとメンバーたち、スイスに次々集まり亡命生活
1916年	◆スペイン国王であるアルフォンソ13世の援助のもと、スペインを中心に活動を続ける（～1918）
1917年	◆『花火』『ロシア物語』『パラード』初演
1918年	◆ロシア人ダンサーは国籍を失い、この年初演作品が初めてなかった
1921年	◆『クァドロ・フラメンコ』『眠れる森の美女』初演
1922年	・エジプトで英国カーナヴォン卿の支援のもと、ハワード・カーターによるツタンカーメンの墓発掘
1924年	◆『牝鹿』『青列車』初演
1929年	◆『舞踏会』『放蕩息子』
	◆8月19日ディアギレフの死によりバレエ・リュス解散
	・10月24日ニューヨーク証券取引所の株価大暴落により世界恐慌始まる

Chapter
6

バレエ・リュスの
ライバルたち

The Competitors of Diaghilev's Ballets Russes

数多く誕生した"疑似"バレエ・リュスは
バレエ史を一歩また進ませた

　バレエ・リュスが活躍した時代、その活動に刺激を受けて、それまで考えられなかったほど多くのツアリング・カンパニーや個人カンパニーによるバレエ公演が行われるようになります。それらの中にはバレエ・リュスに参加したメンバーによるものもあれば、まったく関係ないのに「バレエ・リュス」と名乗る公演や一座もありましたが、それを取り締まることはできませんでした。

　バレエ・リュスのメンバーが実際に参加した公演をざっと挙げても、「オールスター・インペリアル・ロシアン・バレエ」「トゥルハノワのバレエ団」「ワールド・フェイマス・ロシアン・バレエ」「ミハイル・フォーキン」「ヴェラ・フォーキナのニュー・バレエ・リュス」「ミハイル・モルドキン・アンド・ヒズ・ルシアン・バレエ」「スタニスラス・イジコフスキーによるディアギレフのロシアン・バレエのスターたち公演」など数えきれないほどです。名を騙っただけのカンパニーもありました。演目や各々の傾向など面白い点もあるのですが、この時代のカンパニーや公演については体系的な研究が進んでいないため、全貌が掴めているわけではありません。

　ディアギレフは自分のカンパニーからダンサーが引き抜かれることを苦々しい気持ちで見ていましたし、時にはダンサーの動きを察知して参加しないよう要請したとも伝えられますが、彼らの活動がバレエ・リュスを脅かすものになるという心配をしていた様子はありません。とはいうものの、ディアギレフも注目し、実際に公演に足を運んでいたカンパニーもありました。

スタニスラス・イジコフスキー

［1894～1977年］

ポーランド出身のダンサー。14年にディアギレフのバレエ・リュスに参加。小柄だったが、並外れた跳躍力と超絶技巧でニジンスキーの役どころを引き継ぐ。29～30年バレエ団を主宰した後はロンドンでバレエ教師として活躍。

世界初のツアリング・カンパニーだったバレエ・リュス。船で、列車で巡演した。右は1916年アメリカ・ツアーでシカゴ公演に向かう写真。中央右の上背がある男性がディアギレフ。

注目すべき女性たち
パヴロワとルビンシュテインのバレエ公演

　一つはアンナ・パヴロワのカンパニーです。ディアギ
レフはその才能と魅力を高く評価していたからこそ出演
を要請し、彼女は1909〜1911年バレエ・リュスに参加
していました。後にオリガ・スペシフツェワという天才
ダンサーが登場した際、両方の教師であったチェケッ
ティは「１つのりんごが世にもたらされ、２つに分かれた。
片方はパヴロワに、もう片方はスペシフツェワになった」
と言いました。ディアギレフはその一言に「光のあたっ
た方がスペシーヴァ（注）だ」と付け加え、それを知った
パヴロワは気分を害したといわれています。しかし、ディ
アギレフが本当にそう思っていたわけではなく、当時自
分のカンパニーに加わっていたスペシフツェワを宣伝す
るための台詞だったのでしょう。

　実際、自分のもとを去ったあともディアギレフがパヴ
ロワの公演を見に出かけていたのは関心を持ち続けてい
た証拠で、彼はパヴロワの作品の方向性、彼女の目指す
バレエが自分のものとは違うことを理解していました。
そして、だからこそ彼女は一座を後にしたわけですが、
ダンサーとしての彼女の能力を評価していたディアギレ
フは1912年以降も何回か出演を打診しています。しか

アンナ・パヴロワ
［1881〜1931年］
ロシアのダンサー、20世紀の伝説的
バレリーナ。P69、117、142参照。

オリガ・スペシフツェワ
［1895〜1991年］
ロシアのダンサー。マリインスキー劇
場で活躍していたが、16〜17年ディ
アギレフのバレエ・リュスに出演して
アメリカで踊り、イギリス公演『眠れ
る森の美女』（21〜22年）にも参加。24
年ロシアを離れ、パリ・オペラ座にエ
トワールとして迎えられる。南米や
オーストラリアなど世界中で踊り、引
退後はアメリカに移り、バレエ・シア
ター顧問を務める。晩年は精神を病む。

（注）オリガ・スペシフツェワが本名だ
が、呼びにくいということでディアギ
レフによって表記がスペシーヴァと
なっていた。

パヴロワは帝室バレエ団の仕事に満足でき
ず、1908年から外国での公演を始めた。11
年にはロンドンで家を購入。そこを拠点に、
自身のカンパニーとともにヨーロッパ、南
北アメリカ、極東などで文字通り世界中を
巡演した。写真はロンドンの自邸「アイ
ヴィー・ハウス」の庭でくつろぐパヴロワ（＊）。

し残念ながらそれは実現しませんでした。

　アンナ・パヴロワは自分が中心のリサイタル形式の公演を好み、常にツアーで回っていましたから、基本的には小作品で舞台美術を必要としないものを多く上演していました。彼女の最大の功績はバレエの伝道者としての部分でしょう。1913年にマリインスキー劇場から離れ、自らのカンパニーを率いて当時、誰も考えなかった航路で数カ月もかかる日本、インド、メキシコ、アメリカ、カナダといった国々で公演を行いました。何に突き動かされて世界巡業をしていたのかはわかりませんが、パヴロワはバレエを確かに諸外国に伝え、初めてバレエを見たのがパヴロワだった人が世界中に大勢生まれたのでした。スペインでは闘牛場で、日本では帝劇や南座だけではなく地方の芝居小屋でと劣悪な環境でも上演しました。日本人でも私の祖母含め、初めて見たバレエがパヴロワだったという人は多数いるのです。パヴロワは訪れた国々を題材にした作品を後に上演することもありました。日本公演後には『日本の印象』という着物を着て踊る作品が、メキシコ公演後には『メキシコの印象』というソンブレロをかぶって踊る作品が上演されています。

Column

パヴロワ来日とバレエ公演

1922（大正11）年9月4日に横浜に到着したアンナ・パヴロワのバレエ公演は7週間の間に10都市で48日間行われた。東京（帝国劇場）、横浜（横浜劇場）、名古屋（末広座）、大阪（角座）、神戸（衆楽座）、京都（南座）、岡山（岡山劇場）、広島（壽座）、博多（大博劇場）、門司（凱旋座）。公演の反響は大きく、芥川龍之介や和辻哲郎など文化人をも巻き込んだ。P141参照。

大きな衣裳籠が旅巡業をイメージさせる楽屋でのパヴロワ。舞台写真以外のこうしたブロマイドからも人気のほどがうかがえる。パヴロワはバレエの伝道師として偉業を成し遂げた。

やはり初期にはバレエ・リュスに参加していたイダ・ルビンシュテインの一座はディアギレフも注目していました。イダはデビューと同時にモンテスキュー伯爵、プルースト、ダヌンツィオといった錚々たる顔ぶれのファン層を形成し、彼らは彼女を賛美し、支援し、見に訪れていたのです。

ルビンシュテインはバレエ・リュスではマイムの役しか与えられず、踊る役をもらえないこと、そして主役級ではないことが不満でした。そこで豊富な私財をもとに自分のカンパニーを結成し活動を始めました。1911年にはダヌンツィオに執筆を依頼した『聖セバスチャンの殉教』を衣裳・美術をレオン・バクスト、振付をミハイル・フォーキンで上演。ディアギレフはバレエ・リュスにかかわる人がほかの舞台を手掛けることには嫉妬しましたから、この公演に気分を害しました。その後1913年、やはりダヌンツィオ台本によるフォーキン振付の『ピサネル』など芝居を続けて上演しました。彼女の一座は1930年代まで断続的に活動を続け、1924年にはパリ・オペラ座で『イスタール』を上演、1928年にはラヴェルに作曲を依頼した『ボレロ』をフォーキンの振付で、1931年

イダ・ルビンシュテイン
［1885〜1960年］
ロシア出身のダンサー、女優。P116参照。写真上は『シェエラザード』のゾベイダ役。

ロベール・ド・モンテスキュー伯爵
［1885〜1921年］
ベル・エポックのパリ社交界の寵児。ギュスターヴ・モローやエミール・ガレ、女優サラ・ベルナールを後援した。

マルセル・プルースト
［1871〜1922年］
フランスの作家。代表作『失われた時を求めて』に登場するシャルリュス男爵はモンテスキュー伯爵がモデル。P116参照。

ガブリエーレ・ダヌンツィオ
［1863〜1938年］
イタリアの詩人、作家、劇作家。パリ滞在時は、音楽家クロード・ドビュッシーとも親交を深めた。P116参照。

両性具有的な魅力を持つイダ・ルビンシュテインのために作られた聖史劇『聖セバスチャンの殉教』の衣裳デザイン。

『イスタール』
レオ・スターツ振付、音楽ヴァンサン・ダンディー。イスタールとは古代メソポタミアの豊饒、性愛、戦争の女神。

モーリス・ラヴェル
［1875〜1937年］
フランス人作曲家。バレエ音楽では『ダフニスとクロエ』『ラ・ヴァルス』『ボレロ』『ジャンヌの扇』を手掛けた。

『ボレロ』
1幕のバレエ。ベジャール版（1960年）が有名だが、初演はイダ・ルビンシュテイン・バレエによる（1928年）。

『ピサネル〜あるいは芳しき死〜』
1913年パリで初演。台本ダヌンツィオ、振付フォーキン、音楽イルデブランド・ダ・パルマ、演出メイエルホリド、衣裳ウォース（パリのオートクチュール店）。

以降はニジンスカの振付で上演。ストラヴィンスキー作曲の『妖精の接吻』はニジンスカの振付で良い作品に仕上がったのですが、このことでディアギレフとストラヴィンスキーの仲は険悪になり、1929年のディアギレフの死まで和解できなかったことを作曲家は悔いることになったのでした。

　ルビンシュテインのニジンスカへの信頼は厚く、1920年代には自分のカンパニーの芸術監督を任せていました。このように個人にもかかわらず贅沢なメンバー（しかもバレエ・リュスのカンパニーメンバー）との仕事など、ディアギレフが苦々しく思う活動でした。さらにオペラ座での上演の後ろ盾や豊富な資金力も羨ましく思ったようです。彼女の公演にはパヴロワをはじめ、バレエ・リュスを退団した後のマシーン、サヴィーナ夫妻も足を運んでおり、注目度の高いものだったことがわかります。

ブロニスラワ・ニジンスカ
［1891〜1972年］
ニジンスキーの妹でダンサー、振付家。
P 111参照。

イーゴリ・ストラヴィンスキー
［1882〜1971年］
ロシアの作曲家。P91、124参照。

『妖精の接吻』
1928年パリで初演。振付ニジンスカ、音楽ストラヴィンスキー、美術ブノワ。台本はアンデルセンの『雪の女王』に基づく。

すべてが例外ずくめ、贅を尽くした「ソワレ・ド・パリ」公演

　ディアギレフにとって「ソワレ・ド・パリ」は特別な公演でした。というのもディアギレフは1909年バレエ・リュス旗揚げ以降、すでにロシアで上演されていた作品の衣裳や美術を変え、また一部音楽などを変えて上演した以外は『火の鳥』を筆頭に、オリジナル作品だけを上演し続けました。そうしたなかで数少ない例外がソワレ・ド・パリで上演された『メルキュール』でした。

　バレエ・リュスの観客でもあり、伝説的な多くの華やかなパーティの主催者としても有名なエチエンヌ・ド・ボーモン伯爵による公演がソワレ・ド・パリでした。1924年5月17〜6月30日、パリ・シガール座を借りきって公演されたその作品すべてが初演という豪華さで、音楽サティ、美術ピカソによる『メルキュール』、音楽ミヨー、美術ブラックによる『サラダ』、音楽ヨハン・シュトラウス、振付マシーンによる『美しきダニューブ』、美術ドランの『ジーグ』、後にバレエ・リュス・ド・モンテカルロで上演され続けることになる『スコラ・ディ・バッロ』は振付マシーン、美術を伯爵本人が手掛けました。また、演出コクトー、美術ジャン・ユゴーによる『ロメオとジュリエット』も上演されるという充実したラインナップで、芸術的な完成度も高く、何よりその作品を認めたからこそディアギレフは『メルキュール』を自分のカンパニーの上演作品に加えたのです。

エチエンヌ・ド・ボーモン伯爵
［1883〜1956年］
フランスの舞台美術家でバレエのパトロン。1924年コクトー、マシーンらと組んで1シーズンのみのバレエ公演『ソワレ・ド・パリ』を開催。マシーンの振付作品の多くが初演された。

『メルキュール』

1924年パリで初演。振付マシーン、音楽サティ、美術・衣裳ピカソ。ド・ボーモン伯爵が名だたる芸術家たちを集めて行った「ソワレ・ド・パリ」公演で初演された作品のひとつだったが、ディアギレフは『メルキュール』を高く評価し、購入した。彼がバレエ・リュス以外で発表された作品をレパートリーに加えたのはこれが唯一であった。

ロルフ・ド・マレ主宰の
バレエ・スエドワ

　ディアギレフがライバル視したカンパニーの中で、もっとも大きな足跡を残し、現在まだ十分に評価がされていないのが、ロルフ・ド・マレ主宰のバレエ・スエドワでしょう。名前でわかるように、"スウェーデンのバレエ団"の意味です。バレエ・リュスに憧れ、それを超えようと作られたバレエ団でした。カンパニー結成の背景には、スウェーデンで皇帝を自宅に招くほどの高位の貴族で、美術コレクターであり、新しい芸術運動に目がなかったロルフ・ド・マレとミハイル・フォーキンの出会いがありました。バレエ・リュスを離れてフリーの立場になってすぐにフォーキンはスカンジナヴィア諸国のオペラハウスに招かれ、『薔薇の精』『青い神』『レ・シルフィード』といった作品をその地のバレエ団に振り移していたのです。マレがフォーキンに出会わなければ、バレエ・スエドワが結成されることもなかったでしょうから、バレエ・スエドワはバレエ・リュスの落とした種が発芽した結果といえなくもないのです。

　マレは『春の祭典』で幕を開けた劇場の経営権を手に入れ、バレエ団の本拠地としました。ツアーは行いましたが、個人のバレエ団が劇場を持ったというのは異例の

ロルフ・ド・マレ

［1888〜1964年］

スウェーデンの貴族で美術コレクター、バレエ団主宰者、ダンス・アーカイヴ、コンクール創設者。1920年に自身のバレエ団「バレエ・スエドワ」をパリで創立。コクトー、ボナール、デ・キリコ、レジェといった前衛芸術家たちや、「6人組」の作曲家たちとのコラボレーションを推進。25年解散まで振付、美術、音楽において革新的な公演を行った。

『青い神』

1912年、ディアギレフのバレエ・リュスがパリで初演。振付フォーキン、音楽レイナルド・アーン、美術・衣裳バクスト。コクトー台本によるヒンズーの神話を題材にしたオリエンタルな雰囲気に満ちた作品。

ことでした。まず、規模の小さな劇場コメディ・デ・シャンゼリゼでカンパニーの中心人物となるジャン・ボルランのリサイタルを行いました。その反応を鑑み、翌年、正式にバレエ・スエドワを立ち上げたのでした。

　当時その評判は日本にも伝わり、「もうバレエ・リュスの時代は終わった、今はバレエ・スエドワの時代だ」と言われるほどでした。バレエ・リュスがディアギレフの嗜好に合わず手を出すことのなかった黒人芸術的な要素を当初から積極的に取り入れ、『黒人彫刻』という作品を上演したり、そうした芸術に大きな影響を受けていたレジェによる『世界創造』、また映像をいち早く取り入れ、ルネ・クレールに映像『幕間』を依頼した『本日休演』、伝説的なコクトー参加の『エッフェル塔の花嫁花婿』、ジャズの要素をふんだんに盛り込んだ『ウィズィン・ザ・クォーター』、藤田嗣治美術・衣裳の『奇妙なトーナメント』などを上演しました。またバレエ・リュス作品ではニジンスキー退団後に上演されることのなかった『遊戯』の再演も行いました。

　結局、中心的なダンサーで振付家、バレエ教師、そして男性唯一のスターというボルランへの負担のあまりの

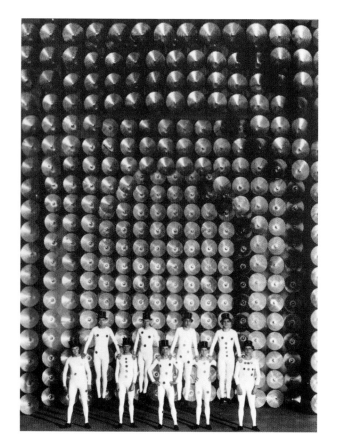

ジャン・ボルラン
［1893～1930年］
スウェーデンのダンサー、振付家。1920年代にパリで活動したバレエ・スエドワ作品はすべて彼の作。

フェルナン・レジェ
［1881～1955年］
フランスの画家。ピカソ、ブラックらとともにキュビスム（立体派）の画家として知られる。

ルネ・クレール
［1898～1981年］
フランスの映画監督、映画プロデューサー、脚本家。

『ウィズィン・ザ・クォーター』
1923年パリで初演。作曲コール・ポーター。演劇雑誌のカバーも飾った出色の演目。バレエ・スエドワは、ディアギレフが手を出さなかった米国文化、ジャズの要素も積極的に取り込んだ。

『本日休演』
1924年パリで初演。振付ボルラン、音楽サティ、台本・美術ピカビア、映画ルネ・クレール。2幕のバレエと幕間の映画から成り、登場するのは消防士とタキシードを脱いだ下着姿の9人の男。舞台美術はヘッドライトの列で、音楽は自動車の音が中心。ダダイストによるダンス作品で、映画が初めてバレエに取り入れられた。

大きさ、そしてメンバーの技術の低下など芸術面の問題、また地主貴族として莫大な収入のあるマレにすら金銭的負担が大きくなりすぎたことが原因で1925年バレエ・スエドワはその活動に幕を下ろします。作品数24というのはわずか5年間の活動では驚異的な成果でした。バレエ・リュスが手掛けなかった1920年代のテーマがぎゅっと凝縮されたようなバレエ団だったといえるでしょう。ここでは細かく紹介できませんが、経営権の契約がまだ残っていた劇場でマレが行ったジョゼフィン・ベーカーの『レビュー・ネグレル』上演などもダンス史上重要な公演でした。

　このようなバレエ・リュスがライバルと見なしたカンパニーの活動例を少し見ても彼らの時代の舞台芸術のヴァラエティの豊かさが伝わるのではないでしょうか。

ジョゼフィン・ベーカー
［1906～1975年］
アメリカのダンサー、歌手。1925年パリに行き、シャンゼリゼ劇場のレビューに出演。パリはすっかりこの「黒いヴィーナス」に魅せられ一躍スターとなり、画家ピカソや写真家マン・レイのためにポーズをとった。バランシンに師事してバレエを学んでいる。

Column

藤田とバレエ

エコール・ド・パリの画家として知られる藤田嗣治［1886～1968年］がバレエを手掛けたことはあまり知られていないが、バレエ・スエドワで『奇妙なトーナメント』(1924年12月19日初演)の美術・衣裳を手掛けている。本作はこのカンパニーのダンサーで振付家だったジャン・ボルランのバレエで、リンクスのゴルフコースが舞台となっているモダンな作品であった。戦後すぐ1946年、日本初の全幕バレエ公演『白鳥の湖』の衣裳と美術も藤田が手掛けた背景でもある。バレエ以外の舞台ではイエーツの詩劇『鷹の井戸』の美術・衣裳、プッチーニのオペラ『蝶々夫人』(1951年ミラノ・スカラ座)の美術・衣裳も手掛けている。

バレエ・スエドワの舞台美術

バレエ・スエドワの1924年公式プログ
ラム(デザイン：グレタ・ルース)。

バレエ・スエドワ主宰者ロルフ・
ド・マレはバレエに関わる前も
後も美術コレクターとしても重
要な人物だった。その影響はバ
レエ・スエドワにも及び、他の
バレエ団に比べ美術に重きがお
かれた傾向がある。結果的には
ダンサーの力不足を補った側面
もあるが、バレエ・リュスが受
け入れなかった黒人彫刻の影響
を大きく受けたレジェなど最新
の若い芸術家に作品を依頼した。
また時代の寵児であった藤田に
も依頼をするなど美術の1920
年代をバレエ化したともいえる。

『愚かな娘たち』(1920) 美術・衣裳：エイナール・ネルマン

『壺』(1924) 美術・衣裳：ジョルジオ・デ・キリコ

『エッフェル塔の花嫁花婿』(1921) 美術：イレーヌ・ラギュ、衣裳・マスク：ジャン・ユゴー、原案：ジャン・コクトー、音楽：6人組

『スケートリンク』(1922) 美術・衣裳：フェルナン・レジェ、音楽：アルチュール・オネゲル、詩：リチオット・カヌード

バレエ・スエドワの舞台美術

『鳥売り商人』(1923) 美術・衣裳・原案：エレーヌ・ペルドリアット、音楽：ジェルメーヌ・タイユフェール

「若い鳥売り商人」の衣裳デザイン。ポルランが演じた。

『奇妙なトーナメント』〈狂乱の女〉、衣裳デザインは藤田嗣治。

『聖ジャンの夜』の「少女」の衣裳デザイン。

『男とその欲望』(1921) 美術・衣裳：アンドレ・パール、台本：ポール・クローデル

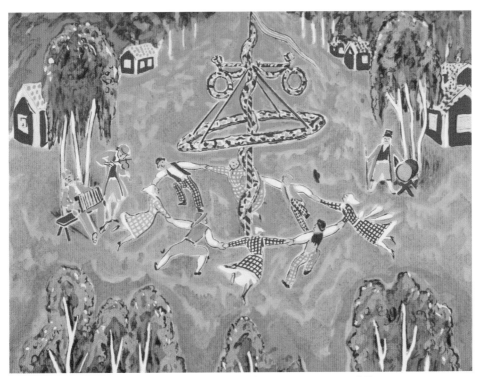

『聖ジャンの夜』(1920) 美術・衣裳：ニルス・ダルデル。スウェーデンのお祭りをテーマにした作品。

バレエ・リュスと同時代のカンパニー&ダンサーたち

1908年 —— 1928年

1908年	◆アンナ・パヴロワ初めての欧州ツアー
1909年	◆アンナ・パヴロワ、バレエ・リュスに参加（～1911）
1911年	◆イダ・ルビンシュテイン『聖セバスチャンの殉教』初演
1913年	◆イダ・ルビンシュテイン『ピサネル』初演
1914年	・第1次世界大戦始まる（～1918）
1916年	◆エレナ・スミルノワ、ボリス・ロマノフが帝国劇場で来日公演
1917年	・ロシア革命
1920年	◆ロルフ・ド・マレ、バレエ・スエドワを結成しデビュー（～1925） ・国際連盟成立
1922年	◆アンナ・パヴロワ来日公演　東京、横浜、名古屋、京阪神、岡山、広島、博多、門司の10カ所を巡業する
1924年	◆エチエンヌ・ド・ボーモン伯爵、パリ・シガール座で「ソワレ・ド・パリ」公演 ◆イダ・ルビンシュテイン、パリ・オペラ座で『イスタール』初演
1928年	◆イダ・ルビンシュテイン『ボレロ』初演（振付フォーキン、1931年ニジンスカ） ◆イダ・ルビンシュテイン、ストラヴィンスキーに依頼した『妖精の接吻』初演

ロシア・バレエのその後。革命を超えて…
そして日本のバレエ

バレエはここまで見てきたように王侯貴族によって支えられた芸術ですが、革命後のロシアでも生き続けました。フランス革命の時と同様、バレエを支えた人々は迫害され殺害されてもバレエは生き続けたわけです。

もちろん社会潮流の変化と無関係でいることはできず、革命賛歌的な『赤いけし』(1927)、民話に基づく寓話的な『石の花』(1954) など政治的メッセージも含むそれまでにない内容の作品が生まれました。

ですが、現在でも上演され続けている『パリの炎』(1932)、『バフチサライの泉』(1934)、『シンデレラ』(1945)、

1922年9月、帝国劇場でのアンナ・パヴロワ来日公演のプログラム。表紙は社会現象にまでなった人気の演目『とんぼ』(*)。

『ロミオとジュリエット』(1940) が初演されるなどソ連時代もバレエの新作は生まれ続けました。

1950年代にはソ連のバレエはソフトパワーとして「活用」され、各国に派遣されました。日本では米ソ対立の下で多くの両国の最新のバレエ公演が行われたことは、案外忘れられているかもしれません。

そもそも日本には「バレエ」はどのように伝わったのでしょう。

ソ連をはじめ来日バレエ公演が行われるようになる前の大正期にバレエを観たことがあるのはごく限られた人たちでした。白樺派、フュウザン会などの文化的エリート層を中心に、欧州でバレエを観た記憶や、持ち帰ったり取り寄せたりした雑誌をもとに、レコードを聴く会などが開催されていました。「舶来物」に関心を持ち、自身あるいは家族、友人らが欧州旅行に出かけることが可能だった人たちがまず主たる受容層となったのです。

日本にバレエが広く知られるようになったのは、アンナ・パヴロワによってでした。彼女は世界でもっとも多くの国にバレエを伝えた「伝道師」としか呼びようのないダンサーで、何かの力に導かれるように世界中を踊って回りました。当時欧州からは船旅で1カ月以上もかかった日本にまでバレエを踊りに来たのですから驚きます。

ですが、来日したプロのバレエ・ダンサーの一人目がエレナ・スミルノワ

だったことはあまり知られていません。スミルノワはバレエ・リュスにも参加したことのある、マリインスキー劇場のプリンシパルダンサー。エレナと共に1916年、来日したのはボリス・ロマノフで、彼はバレエ・リュスに参加しただけではなく、『サロメの悲劇』の振付家としても活躍しています。二人の細かな足取りや公演の背景が日本で明らかになったのは、2016年駐日ロシア大使館で行われた展示においてでした。それまでは、彼らの来日はたまたま立ち寄ったもので、衣裳を持っていたので帝国劇場支配人が踊ってくれるよう頼んだと伝わっていました。当時の新聞や雑誌などをどれほど探しても日本ではそれ以上の情報は見つけられませんでした。ところが、実際は外務省を通じた極めて公的な公演だったことがわかりました。ソ連のソフトパワーを使った文化政策の一環だったのです。日本ではよくあることですが、日本側の公文書が確認できないために長らく誤解されたままだったのです。昼間の公演だけだったことなど疑問がまだ残ってはいるのですが、その時に山田耕筰が作曲した曲で踊ったこと、『瀕死の白鳥』が日本初演されたことなどもわかりました。また、ファンからの手紙も残っており、当時すでにバレエ・ファンという層が存在していたことも明らかになりました。

エレナ・スミルノワとボリス・ロマノフ夫妻に続いて来日バレエ公演が行われたのが、アンナ・パヴロワだったわけですが、こちらは圧倒的に公演数が多く、日本縦断ツアーを行ったので多くの人に伝わったのです。公演をバックアップしたのは御園白粉で、世界初の無鉛化白粉として発売された化粧品プロモーションという意味合いもありました。

そして、アンナ・パヴロワの来日はバレエブームを巻き起こしました。このブームは単に観客動員ということだけではなく、当時流行り始めていたミュージックホールの演目にパヴロワの『とんぼ』の衣裳が登場するなど、かなり幅広いものでした。日本では、これ以降バレエが比較的広い客層に受容されていきます。

その後、明治維新以来の欧化政策の一環として、社交ダンスが最初は上流階級に、続いて少しセクシーなものという意味合いが加わってダンスホールなどを中心とした一般に流行していたことも背景にあり、自らが踊るものとしてのバレエも流行し始めました。

日本のバレエ発展に寄与したのは〝三人のパヴロワ〟とよく言われます。まず前述のアンナ・パヴロワ、次いでエリアナ・パヴロバ（＊）、そしてオリガ・サファイヤと名乗っていた本名オリガ・イワーノワ・パヴロワの三人です。

エリアナは貴族のたしなみとしてバレエを学んでいたプロではない人物ですが、日本のバレエ教育は彼女から始まりました。1919年に来日、

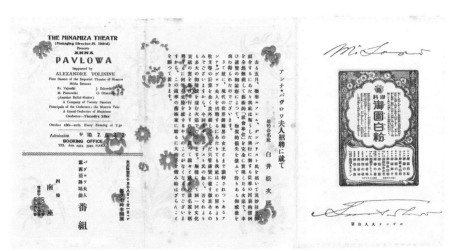

アンナ・パヴロワ京都公演は、歌舞伎の殿堂・南座で行われた（1922年10月）。協賛の御園白粉のPRページも見られる
公演プログラム（＊）。

1927年鎌倉に日本初のバレエ学校を作り、服部智恵子、橘秋子、貝谷八百子、島田廣、東勇作らを育てました。1941年のエリアナ逝去の後、妹と称していた血のつながりはないナデジダ・パヴロバが1982年に亡くなるまで学校を運営し続けました。しばらくの間、パヴロバ記念館として公開されていたかつての稽古場は1985年に取り壊されています。私も、江ノ電の車窓から風で板がふわふわとなびく洋風の建物を見た記憶があります。取り壊される少し前のことでした。

その後、行方がわからなくなっていた遺品をかつてパヴロバ記念館で働いていた方からの情報を手掛かりに調査し、1998年に旧華頂宮邸の洗濯室にあることがわかりました。衣裳ケースに入っている彼女の遺品を調査させてもらい、神奈川県立近代美術館での展示を計画しましたが、コレクションの保全と閲覧できるようにする条件が諸

管轄の問題で折り合わず、残念ながら実現しませんでした。現在は鎌倉で非公開の状況です。

バレエの教育がエリアナから始まったことは間違いありませんが、その活動については功罪両方の側面を考える必要があります。

バレエも同じ舞踊ということで、日本舞踊のお稽古ごとに倣って、家元制度的な師弟関係や金銭のやり取りが慣習化され、負の遺産として今も残っています。一方でプロではないエリアナが少しでも「ちゃんとした教育を」とロルフ・ド・マレが世界で初めて組織した国際ダンス・アーカイヴ（A.I.D.）に教則本を貸してもらい、何と全ページをトレーシングペーパーでなぞったコピーを作成していたことは知られてもいいことでしょう。ロシア人として、自国の芸術を彼女なりにどうにかきちんと伝えようとした姿勢には心を打たれます。結局、彼女は戦時中は敵国人

ロシア・バレエのその後。革命を超えて…
そして日本のバレエ

として肩身の狭い思いをし、帰化して（日本名　霧島エリ子）慰問団に加わって戦地でバレエを踊り、破傷風のために死去。戦争の犠牲者となってしまいました。

　も う一人のパヴロワは、外交官の夫、清水威久と結婚して1936年に来日したオリガ・サファイヤ（帰化して日本名　清水みどり）。ボリス・ロマノフにも学んだダンサーで、日劇ダンシングチームの演目と上演方法についても多くを伝えています。彼女の活動はよくわかっていますが、日劇だけではなく宝塚や大流行した少女歌劇とバレエの関わりには、まだ明らかになっていないこともたくさんあります。

　特に各地の少女歌劇については、どうにかバレエ教師の名前までたどり着けても一切の経歴も本当の出身地もわからないケースがほとんどです。私もまだ引き続き調査していますし、新しい研究が進めば、いろいろ解明できていくことでしょう。

　いずれしろ、日本におけるバレエブームは劇場とその受容だけだったわけではなく、少女歌劇団、浅草等のレビュー、少女たちのファンシーグッズやぬり絵、漫画など複合的な要因から引き起こされたもので、その全容はまだ完全には見えていません。

　そ うした中で起こった次のブームは第2次世界大戦後1946年の『白鳥の湖』全幕初上演、続く1950年上映の映画『赤い靴』からピークを迎えます。

1953年から始まったテレビ放送にはバレエ・ダンサーがある時はドラマに、ある時は歌手の後ろで踊る役割で登場するようになりました。ですが、残念ながら当時の映像はフィルムが大変高価で映像を重ねて撮ることが常でした。また記録もあまり残っておらず、わからない点も多いのですが、一般のお茶の間にバレエがテレビによって伝わったのも、受容層が広くなった理由です。

　そ の頃から議論され、嘱望されたオペラならびにバレエを専門に上演できる劇場が「新国立劇場」としてオープンしたのは1997年、同年に新国立劇場バレエ団発足、同劇場付属のバレエ教育機関ができたのはその後の2001年、と振り返ると国家レベルでは順調にバレエが育まれたとは言えません。ですが、一方で個人レベルでは、私立バレエ団が多数結成され、活動を続けていきます。中でも英国ロイヤル・バレエ団で世界的なスターとなった熊川哲也が帰国してバレエ団を結成したのは、大きな転換期になったと言えるでしょう。

　現在もさまざまな課題はありつつも、バレエは日本に根付いています。その歴史については広く関心が持たれているとは言えませんが、少しずつでも興味を持ってもらえたら、と思い続けています。

＊エリアナは自らアンナ・パヴロワに失礼だからと「パヴロバ」と表記したとのこと。アンナ・パヴロワは来日時に「私の偽物がいる」と発言したとも伝えられています。

Chapter

7

アフター・バレエ・リュス

After Diaghilev's Death : Ballets Russes de Monte Carlo

ディアギレフの突然の死と
大恐慌で危機に瀕するバレエ・リュス

　バレエ・リュスは1929年8月のディアギレフの死をもって突如解散しました。10月に劇場での再会を約束していたダンサーたちにとっては想像もしていないことでした。死の数日前までともに旅をしていた、ディアギレフの最後の恋の相手でもあったイーゴリ・マルケヴィチはディアギレフの不調にも気づかなかったといいます。

　糖尿病を患っており、数年前からチョコレートなど禁止されている食べ物もありましたが、本人はあまり真剣に考えていなかったのかもしれません。ある日、ディアギレフがチョコレートボックスを抱えて食べているのを見つけ、コフノが注意すると、「何故だ？　今日は日曜日だろう？」と言ったとも伝えられています。彼一流の冗談かもしれませんが…。

　もっともディアギレフが1929年の大恐慌の前に亡くなったのは、今から思えば幸運だったのかもしれません。1930年のディアギレフとパリ・オペラ座との契約書も現存しますが、契約者不在ということで履行されませんでした。米国公演については引き続きマシーンとの間で折衝がされたといわれていますが、これも結局株価大暴落を受けてすべて中止となっています。ディアギレフはベル・エポックから第1次世界大戦によって価値観も世界も変わった1920年代という激動の時代を駆け抜けました。しかし、そのパワーをもってしても1930年代は厳しい時代だったことでしょう。1929年の死は、彼にとって美しい引き際だったといえる象徴的な符合にさえ思えます。

　しかし、突然職を失ったダンサーたちは、茫然とするしかありませんでした。それを救ったのは、ディアギレフの片腕として活躍し続けたグリゴリエフでした。これまで培ってきた人脈を総動員して、できる限りダンサーの再就職の道を見つけたのでした。自分の立場もまだ見定まらないうちからグリゴリエフはそうやって働いたのです。20年間ともに働いたディアギレフ亡き後、彼が大切にしたバレエ団のメンバーをどうにか救いたいと考えたのでしょう。

イーゴリ・マルケヴィチ

［1912〜1983年］

ロシアで生まれ、スイスで育った作曲家、ピアニスト、指揮者。P 125参照。

ボリス・コフノ

［1904〜1990年］

ロシア出身のディアギレフの秘書。後に台本作家として活躍。P 114参照。

ディアギレフは旅先のヴェネツィアで病死する。駆けつけたシャネルが葬儀一切の費用を出し、サン・ミケーレ島のロシア人墓地に埋葬された。

1929年の公式プログラム。キリコが美術を担当した『舞踏会』が表紙。

レオニード・マシーン

［1895〜1979年］

ロシア人ダンサー、振付家。バレエ・リュスの時代の寵児。P110参照。

セルジュ・グリゴリエフ

［1883〜1968年］

ロシア出身のダンサー、バレエ・マスター。ディアギレフの側近で、誰よりもキャリアが長かった。P115参照。

ポスト「バレエ・リュス」を目指す
カンパニーの誕生

　ディアギレフ亡き後、解散したバレエ・リュスですが、ここに入団することを目指して訓練を積んでいたダンサーたち、参加したいと考えていた若い芸術家たち、そして誰よりも公演を楽しみにしていた観客たちの間から、バレエ・リュス再結成を望む声が高まってきました。

　その声に応えるべく始まったのが「オペラ・リュス・ア・パリ」でした。これは、アレクシス・ゼレテッリとバジル大佐によって組織されたもので、オペラとバレエの両方が上演されるという1909年のバレエ・リュスの公演のようなプログラムでした。芸術監督としてニジンスカ、翌年はボリス・ロマノフが活躍しました。いずれもバレエ・リュスの元メンバーでした。オペラはディアギレフの1908年の『ボリス・ゴドゥノフ』によってパリ・デビューを果たしたフョードル・シャリアピン、そしてフォーキン、ニジンスカらバレエ・リュスの一時代を創った人々が参加しました。その公演の成功を受けて、バレエ・リュス・ド・モンテカルロが始動することになりました。

「オペラ・リュス・ア・パリ」の1930年公演プログラム。会場はシャンゼリゼ劇場（オペラ・リュス・ア・パリの公演自体は1929～1941年行われた）。

アレクシス・ゼレテッリ
［1867~1942年］
ロシア出身、革命時に亡命し、最終的にフランスに移民。1925年オペラ公演に際してエージェンシーを立ち上げた。ディアギレフとの親交もあり、1932年にはバレエ・リュス・ド・モンテカルロの結成も手掛けた。

バジル大佐
［1888～1951年］
ロシアのバレエ興行師、1932年バレエ・リュス・ド・モンテカルロをルネ・ブルムと結成、共同監督となる。P115参照。

ブロニスラワ・ニジンスカ
［1891～1972年］
ニジンスキーの妹でダンサー、振付家。P 111参照。（図版＊）

フョードル・シャリアピン
［1873～1938年］
ロシア出身のオペラ歌手（バス）。P92参照。

1931年、ルネ・ブルムとバジル大佐の主宰による「バレエ・リュス・ド・モンテカルロ」の結成と、翌年１月からモンテカルロを皮切りとした公演開始が発表されます。このニュースに多くの人が、これでバレエ・リュスが再び見られる、参加できると心躍らせました。

　衣裳や美術はバレエ・リュスのものを使用できることになりました。つまりバレエ・リュス・ド・モンテカルロはオリジナルの衣裳、美術によってバレエ・リュス作品を踊り続けたわけです。映像が今ほど発達していなかった時代、踊り続けることで作品を次代に伝えたこともこのカンパニーの大きな功績の一つです。

　しかし、ただバレエ・リュスの遺産を受け継ぐだけではバレエ団の未来はなかったでしょう。バレエ・リュスと違う魅力を出すことも必要でした。そこで、初代の芸術監督となったバランシンの人選で選ばれた３人の10代のバレリーナが「ベイビー・バレリーナ」という呼称でバレエ団の「看板娘」となったのでした。1933年デビュー当時イリーナ・バロノワ14歳、タマラ・トゥマノワ14歳、タチアナ・リアブシンスカヤ15歳でした。男性の魅力が大きかったバレエ・リュスの後に生まれたこのバレエ団は女性の魅力を前面に押し出したのです。

　ダニロワやドゥヴロフスカといったバレエ・リュスのメンバーも多数出演しました。男性ダンサーも負けていませんでした。すばらしい跳躍や技術も魅力のレオン・ヴォイジコフスキー、ドゥミ・キャラクテールも演じられる幅広い表現力のダヴィッド・リシーン、エレガントな魅力のロマン・ヤシンスキー、ユレク・シャベレフスキー、ポール・ペトロフ、官能的でスター性のあるジョージ・ゾリッチ、女性たちを虜にしたフレデリック・フランクリンなど魅力的なダンサーが多数輩出されました。

　そして新しい作品も生まれました。トゥマノワが初演した『コティヨン』や『ラ・コンキュランス』はバランシンによる振付、バロノワ、リアブシンスカヤが初演した『子供の遊戯』、マシーン振付でバロノワが初演した『美しきダニューブ』、リアブシンスカヤが初演した『コレアルティウム』など踊り続けられることになる作品を上演しました。

ルネ・ブルム
[1878〜1942年]

フランスのバレエ興行師。芸術評論家、出版者、劇場支配人を経て、1929年ディアギレフ亡き後、モンテカルロ・オペラ座のバレエ監督に就任。31年、バジル大佐と共同でバレエ・リュス・ド・モンテカルロを設立。主に芸術面を担当し、バジル大佐は事業面を受け持つ。

フェリア・ドゥヴロフスカ
[1896〜1981年]

ロシア人ダンサー。ディアギレフのバレエ・リュスに参加後はさまざまなバレエ団で活躍し、アメリカに渡る。メトロポリタン歌劇場でプリマ・バレリーナとなり、引退後アメリカでバレエ教師として活躍した。

レオン・ヴォイジコフスキー
[1899〜1974年]

ポーランド人ダンサー。ディアギレフのバレエ・リュスでキャラクター・ダンサーとして活躍。各国のバレエ団で踊るが、ワルシャワに戻りバレエ教師として指導にあたる。

ドゥミ・キャラクテール

アカデミックな技術より、人物の劇的または喜劇的な要素によって舞台に彩りを与える踊りのスタイル。ダンサーのタイプを指す場合もある。

ダヴィッド・リシーン
[1910〜1972年]

ロシア人ダンサー。バレエ・リュス・ド・モンテカルロに参加し、同カンパニーで長らく踊る。その後各国バレエ団で活躍。現役を退きロサンゼルス・バレエ・シアターと付属学校で教える。

ロマン・ヤシンスキー
[1907〜1991年]

ポーランド生まれのダンサー。ワルシャワ・オペラ・バレエ団で活躍。ニジンスカに見出され、イダのバレエ団に参加後、バレエ1933、バレエ・リュス・ド・モンテカルロなどで活躍。妻のモセリーヌ・ラーキンとオクラホマのタルサ・バレエを創設。

ユレク・シャベレフスキー
[1911年〜]

ポーランド人ダンサー。ワルシャワ・オペラ・バレエ学校で学んだ後、ニジンスカに見出されイダの一座に入団。バジル大佐のバレエ・リュス・ド・モンテカルロに参加。自分の一座を率いてアメリカや南米で踊る。

ベイビー・バレリーナ

バランシン自らがバレエ・スクールに足を運んで選んだのが3人の10代のダンサー、文字通りの「ベイビー・バレリーナ」。女性の振付にとりわけ力量を発揮したバランシンならではの発想で、彼女たちは圧倒的な人気を呼ぶ。

イリーナ・バロノワ
Baronova, Irina
[1919～2008年]
ロシア生まれで、亡命後パリのプレオブラジェンスカヤに学んだ。マシーン振付『プレサージュ』、『美しきダニューブ』(1933)、ニジンスカ振付『百の口づけ』(1935)を初演。

タマラ・トゥマノワ
Toumanova, Tamara
[1919～1996年]
両親がロシア革命から逃げた先の中国で誕生し、上海でバレエを学ぶ。移住したパリでプレオブランジェンスカヤに学ぶ。技術だけでなく「バレエ界の黒真珠」とも呼ばれた美貌でも有名。

タチアナ・リアブシンスカ(ヤ)
Riabouchinska(ya) Tatiana
[1917～2000年]
ロシア革命から逃れてパリに移住。パリでヴォリーニン、クシェシンスカヤに学んだ後、「蝙蝠座」のレビューでデビュー。1941年までバレエ・リュス・ド・モンテカルロで活躍。

ポール・ペトロフ
[1908～1981年]
デンマークに生まれ、コペンハーゲンで踊った後バレエ・リュス・ド・モンテカルロに参加。『プレサージュ』『コレアルティウム』などを踊る。その後バレエ・シアター(現ABT)に参加、1948年妻ナナ・ゴルナーとバレエ団創設、ヨーロッパ、南米を巡演。ベルギーのアントワープにバレエ学校創設。

ジョージ・ゾリッチ
[1917～2009年]
モスクワ生まれ、リトアニアのコヴノ(現カウナス)のオペラ劇場で6カ月舞踊を学んだ後、パリで学ぶ。イダの一座に参加、その後バレエ・リュス・ド・モンテカルロ、クェヴァス公のバレエ団で踊る。スター・ダンサーとしてマシーンの交響的バレエなど重要な作品に多数初演。映画にも出演。米国に移住、アリゾナ大学教授として活躍。

フレデリック・フランクリン
[1914～2013年]
イギリス人ダンサー。バレエ・リュス・ド・モンテカルロでプリンシパルとして踊る。1952年スラヴェンスカ-フランクリンバレエを創設。バレエ・マスター、芸術監督、振付家としてアメリカン・バレエ・シアターほか、アメリカのバレエ団で活躍。

『コティヨン』
1932年初演。振付バランシン、音楽シャブリエ、台本コフノ、美術クリスチャン・ベラール。「コティヨン」とはボールルーム・ダンスで、舞踏会が舞台。

『ラ・コンキュランス』
1932年初演。振付バランシン、音楽ジョルジュ・オーリック、台本・美術・衣裳アンドレ・ドラン。1890年代を舞台にお洒落を競いあう様子を描いた作品。

『子供の遊戯』
1932年初演。振付マシーン、音楽ビゼー、台本コフノ、美術ミロ。少女が「旅人」という人形に恋をする物語。

『美しきダニューブ』
ボーモン伯爵の「ソワレ・ド・パリ」で上演された2幕のバレエを全1幕に改訂し、1933年初演。振付マシーン、音楽ヨハン・シュトラウス2世／ヨーゼフ・シュトラウス。

『コレアルティウム』
1933年初演。振付マシーン、音楽ブラームス(交響曲第4番)。マシーンによる交響的バレエの第2作目。

バレエ・リュス・ド・モンテカルロ
ブルム派とバジル派の対立

　しかし1934年以降、バレエ・リュス・ド・モンテカルロの歴史は複雑を極めました。バレエ・リュスに比べても長い期間活動を続け、初演作品も多く、関係者も最近まで生存しており、残した影響は決して小さくないにもかかわらず、研究がこれほど進まなかった理由にはこの歴史の複雑さも関係しているのではないでしょうか。

　1932年の活動開始後すぐに生じたブルムとバジル大佐の間の亀裂が原因でした。1932年後半には「ブルムのバレエ・リュス」という表記が見られるようになり、1934年にロンドンでの公演に際してバレエ団名を「バジル大佐のバレエ」としたことで決定的となりました。以後2人は完全に別の道を歩み、簡単にいえば、ブルム系とバジル系の2つのバレエ・リュス・ド・モンテカルロが存在することになります。これら1932年から1963年までのすべての公演の総称がバレエ・リュス・ド・モンテカルロで、バジルかブルムの主宰の別なく使っていました。やがて名称の「モンテカルロ」の表記をめぐっては裁判となり、判決の結果1936年以降、ブルム系だけに「モンテカルロ」をつけてもよいことになり、以後バジル系には「モンテカルロ」の表記は使えなくなりました。
　それというのも、ブルムは元々モンテカルロ歌劇場の芸術監督を務めていた縁でバレエ・リュスに関わることになったという背景があります。あくまでモンテカルロをベースとした活動を想定していました。ツアーには出ましたが、バジルとはこの点でも違っていたのです。第2次世界大戦のナチスの進撃により、ユダヤ人であったブルムは1942年にアウシュヴィッツで死亡します。その後バレエ団は、ユリウス・フライシュマン、セルジュ・デナムによって継承され、1962年まで続きました。
　ブルムは何よりもバレエ・リュスの伝統の継承を重要視し、コフノ、バランシン、マシーン、フォーキンと仕事をしましたが、新作としてマシーン振付『ゲテ・パリジェンヌ』、『第7交響曲』、ダリの衣裳と美術による2作品『バッカナーレ』と『ラビリンス』、アグネス・デ・ミルの『ロデオ』、ニジンスカの『雪娘』、バランシンの『ダンス・コンセルタント』などが上演されました。1シーズンですがアリシア・アロンソの推薦でセルジュ・リファールが参加していますし、その他ロゼラ・ハイタワー、

『コレアルティウム』上演の舞台で。左からアドリアノーワ、プソタ、ペトロフ、ダニロワ、マシーン、トゥマノワ、バジル大佐、リシーン、リアブシンスカ、ラドレ、ヤシンスキー、グリゴリエワ、ボロヴァンスキー。

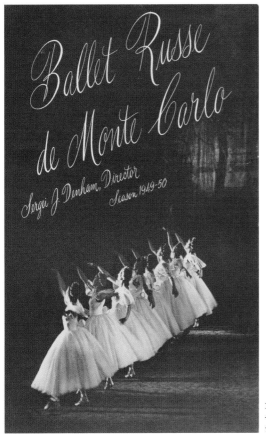

1949−50シーズンのバレエ・リュス・ド・モンテカルロのプログラム。セルジュ・デナムのもと、アメリカ全土を巡演した。

『雪娘』

1942年初演。振付ニジンスカ、音楽グラズノーフ。人間の村にやって来た雪娘が若者に恋をするが、春の陽光で溶けて消えてしまうロシアの妖精物語。

『ダンス・コンセルタント』

1944年ニューヨークで初演。振付バランシン、音楽ストラヴィンスキー、美術ユージン・バーマン。

アリシア・アロンソ

［1920年〜］

キューバのダンサー、監督。1948年、自分のバレエ団を設立(後のキューバ国立バレエ団)。バレエ・リュス・ド・モンテカルロほか多数のバレエ団に客演。

ロゼラ・ハイタワー

［1920〜2008年］

アメリカのダンサー、バレエ・リュス・ド・モンテカルロほか多くのバレエ団で踊り、62年カンヌにバレエ団設立。パリ・オペラ座バレエの監督(81〜83年)、ミラノ・スカラ座バレエ監督(85〜86年)を務める。

初めての先住民族の血を引いたバレエ・ダンサー、マリア・トールチーフ、そして初めての黒人の血をひいたダンサー、ラヴェン・ウィルキンソンも参加しています。ウィルキンソンは米国でKKKが力を伸ばすなか、危険が及ぶため出演できなくなるなど時代の荒波にもまれたところもありました。

　バジル大佐はその名の通り、ロシアの大佐でした。1925年に「オペラ・リュス・ア・パリ」に関わって以降バレエ・リュス・ド・モンテカルロを率いました。ディアギレフのバレエ・リュスと両方に参加したダンサーたちからは「ディアギレフと違って学がなかった」「紳士ではなかった」と言われる一方で、バレエ・リュス・ド・モンテカルロがバレエ団初参加となったダンサーたちからは「本当の紳士だった」と慕われるなど評価が分かれています。比較の対象の問題だったのかもしれません。作品としてはマシーン振付『幻想交響曲』、フォーキン振付『シンデレラ』、『パガニーニ』、デヴィッド・リシーン振付『フランチェスカ・ダ・リミニ』、現在でも時々見ることのできる『卒業舞踏会』などを初演しています。
　バジル大佐はニジンスキーの死去の翌年1951年にこの世を去りましたが、その最後の年にバレエ団をヨーロッパとスペイン2つのツアリング・カンパニーに分けていました。死後はジョージ・キルスタ、グリゴリエフが継承し1952年まで活動を続けました。

KKK
クー・クラックス・クランの略称。アメリカの秘密結社、白人至上主義団体。

『幻想交響曲』
1936年初演。振付マシーン、音楽ベルリオーズ、美術ベラール。若い音楽家が麻薬による幻覚の中でさまざまに姿を変える恋人を追い求める。

『シンデレラ』
1938年初演。振付フォーキン、音楽フレデリック・デルランジェ、美術ゴンチャロワ(現在踊られるのは、その後44年作曲のプロコフィエフ作品)。

『パガニーニ』
1939年初演。振付フォーキン、音楽ラフマニノフ、美術スデイキン。「芸術のために悪魔に魂を売った」天才音楽家パガニーニを心理学的に描いた作品。

『フランチェスカ・ダ・リミニ』
1937年初演。振付リシーン、音楽チャイコフスキー。ダンテの『神曲』で絶唱とされる「地獄篇」第5歌《フランチェスカ・ダ・リミニ》が標題。

『卒業舞踏会』
1940年初演。振付リシーン、音楽ヨハン・シュトラウス、美術ブノワ。1840年代のウィーンを舞台に女子学生と士官候補生たちの交流を描く。

ジョージ・キルスタ
ウクライナ生まれの舞台美術・衣裳デザイナー。1951年、経済支援含めバジル大佐のバレエ・カンパニーに参加。バジル大佐亡き後は芸術監督として、バレエ台本、美術も手掛けながらバレエ団の立て直しを図った。

マシーン振付作品『幻想交響曲』。5つの場面から成り、それぞれ異なる様式で振り付けられた。

第2次世界大戦を経て新大陸に広がり根付いたバレエ

ブルムとバジル大佐の2つのカンパニーが主導者の死後も続いたことは注目に値するでしょう。それはバレエ・リュスの灯を絶やすまいとする多くの人の気持ち、興行的側面ゆえでもあったでしょう。この2つのカンパニーは1938年、続く39年にはロンドンのラッセル・ストリートを挟んで同時上演となりました。ロイヤル・オペラ・ハウスではバジルのコヴェント・ガーデン・ロシアン・バレエ（当時の名称）が、ロイヤル・ドゥルーリーレーン劇場ではデナムのバレエ・ド・モンテカルロが公演しました。マスコミはこれを「バレエ戦争」と呼び、煽り、溢れた人々のために警察官が増員されるほどの観客が押し寄せたのでした。

しかし1939年には本当の戦争、第2次世界大戦が勃発しました。バレエ・リュス・ド・モンテカルロが欧州中心ではなく、米国各地、オーストラリア、カナダ、メキシコといった国々をツアーで回ったのには戦争の影響も色濃く出ているのです。戦争中もバレエ団はどうにか生き延びたのでした。

1962年バレエ・リュス・ド・モンテカルロのアメリカ巡演プログラム。創設者ブルム亡き後デナムが監督となるが、旧作に頼って創造性は沈滞し、61-62シーズンで解散する。

マシーン作品『バッカナーレ』(1939)の舞台美術はシュルレアリスムの旗手ダリによるもの。バイエルン王ルードヴィッヒ2世をイメージした作品。

この時代の創作活動ですが、現在ほとんどの作品が失われてしまったため言及される機会も少ないのですが、先に挙げたダリによる頭部がすっかり覆われ前後がわからないデザインの衣裳、舞台中央に大きな白鳥があり、その腹部からダンサーが登場する美術、デュフィによる朗らかな色合いの『ビーチ』など実験的作品も多数創られました。マシーンによる交響的バレエや、米国をテーマにしたものもそれまでにはない作品でした。

　こうして残念ながら作品は残りませんでしたが、彼らが蒔いた種はしっかりとその後、育ちました。

　特に大きな足跡を残したのは何といっても米国、オーストラリアでしょう。これらの国では今でも「バレエ・リュス」といえば、バレエ・リュス・ド・モンテカルロのことを指すほど定着しています。

バレエ・リュス・ド・モンテカルロが1932年初演したバランシン作品『コティヨン』の舞台より。

1958年、パリ・エッフェル塔の上での記念写真は当時のバレエ関係者が集うレセプションだった。左から2番目が人気スターのジョージ・ゾリッチ。

とりわけオーストラリアへの影響は大きいものがあり
ました。ブルムとバジルのバレエ・リュス・ド・モンテ
カルロが相次いで巡業し長期公演を行っただけでなく、
ツアーに来たままオーストラリアに移住したヘレン・キ
ルソワやボロヴァンスキーといったダンサーたちによっ
てバレエが根付き広がったのです。カナダ同様、英国領
だった関係もあり、現在でも英国ロイヤル・バレエ団と
は深くつながっていますが、ロバート・ヘルプマンも副
芸術監督を務めた時期があります。さらに、バロノワが
1980年代になって移住したことで、かの地で『プレサー
ジュ』の再現上演が行われる幸運もありました。

　バレエ・リュス・ド・モンテカルロのツアーは列車で
回り、到着した日に踊り、翌日は移動した地で踊るとい
う過酷を極めたものでした。戦時中、食糧が十分でない
時期もありましたが、当時のダンサーが多数登場する映
画(注)でも語られているように「それでも参加したかっ
た」「バレエが踊れればそれで幸せだった」とバレエへの
尽きせぬ想いに支えられたバレエ団だったのです。
　ですが、その活動も後半になればなるほど、物資の不
足もあり作品もダンサーも勢いを失い、評価も人気も下
がっていきました。アメリカはモダン・ダンスを国家の
助成のもとで育てましたから、バレエ自体が古臭いもの
とみなされてしまったこともあるでしょう。最後は細々
と続けている状態で、華々しい最終公演もなく灯が消え
るようにして解散したのでした。
　そうした理由から、バレエ・リュス・ド・モンテカル
ロの再評価は2000年代に入ってからと非常に遅かった
のですが、存命するカンパニーメンバーによる回想録刊
行や映像(注)などが間に合い、すべての記憶が失われる
ことがなかったのは不幸中の幸いでした。

ヘレン・キルソワ
［1911頃〜1962年］
デンマーク出身のダンサー。パリで学
び、イダの一座に参加、1932年バジル
大佐のバレエ・リュス・ド・モンテカル
ロ創設メンバーとなり37年まで踊
る。40年シドニーにバレエ学校を設
立して指導に当たり、オーストラリア
初のクラシックバレエ団キルソワ・バ
レエ(41〜44年)監督として活躍する。

エドゥアルド・ボロヴァンスキー
［1902〜1959年］
チェコ出身。プラハ国立歌劇場でダン
サーとして出発し、パヴロワのツアー・
カンパニーに参加し、1929年オース
トラリアを巡演。バジル大佐のバレエ・
リュス・ド・モンテカルロで再びオー
ストラリアに行き、この地に留まる。
メルボルンにバレエ学校設立、40年
ボロヴァンスキーのオーストラリア・
バレエ団を結成。61年解散時の多く
のダンサーが現在のオーストラリア・
バレエ団の中核メンバーとなった。

ロバート・ヘルプマン
［1909〜1986年］
オーストラリアのダンサー。子供時代
にバレエを始め、オーストラリア巡業
中のパヴロワのカンパニーに入門。
1933年ロンドンに渡り、50年までサ
ドラーズウェルズ・バレエでプリンシ
パルとして踊る。映画『赤い靴』(48年)
などに出演。演出、振付でも活躍し、
65年プラーグとともにオーストラリ
ア・バレエ共同監督となる。

『プレサージュ(予兆)』
1933年バジル大佐のバレエ・リュ
ス・ド・モンテカルロが初演。振付・台本
マシーン。音楽はチャイコフスキーの
交響曲第5番で、運命と格闘する人間
を描いた。本作はマシーンによる一連
の交響的バレエの第1作目。

(注)『バレエ・リュス 踊る歓び、生き
る歓び』アリシア・マルコワ、イリナ・
バロノワ、ナタリー・グラフスカ、フ
レデリック・フランクリン、ジョージ・
ゾリッチなどが出演。ディアギレフ以
降のバレエ・リュスのさまざまなカン
パニーの活動が、ダンサーたちの証言
と貴重な舞台映像で綴られたドキュメ
ンタリー映画(2005年、アメリカ)。

オーストラリア・バレエ団『くるみ割り人形
〜クララの物語』より。バジル大佐のバレ
エ・リュス・ド・モンテカルロで活躍した年
老いた女性ダンサーのクララが過去を思い
出すという設定。アフター・バレエ・リュ
スの歴史を辿る感動のドラマになっている
(振付グレアム・マーフィ)。© Seto Hidemi

バレエ・リュス・ド・モンテカルロの同窓会

2000年、米国ルイジアナ州で初めてのバレエ・リュス同窓会が開催されました。当初はニューヨーク州での開催予定が、急遽変更となったのでした。今と違ってまだ現在に比べればネットが普及してはおらず、ファックスと郵便を使ってのやり取りで、詳細は行くまで十分に把握できたわけではありませんでした。しかし、どうしても行かなくては、ということだけは確かで初めての地、ルイジアナ州へ向かいました。

3日間にわたって、ワークショップ、講演、展覧会、ガラ公演と盛りだくさんの内容でした。この時に回していたビデオフィルムが『バレエ・リュス 踊る歓び、生きる歓び』として後に映画

になりました。

ダンサーたちの寿命にぎりぎり間に合ったような同窓会で、たくさんの元バレエ・リュス・ド・モンテカルロのダンサーたちが集まりました。また、この会議があったことと映画がきっかけとなり、バレエ・リュス・ド・モンテカルロのダンサーたちによる回想録が以後続けて出版されました。この同窓会がなければ、バレエ・リュス・ド・モンテカルロの再評価はもっと遅れてしまったでしょうし、本も出版されず、さまざまな記憶や記録が失われることになったでしょう。

残念ながら私自身は当時まだ数冊しか出ていなかったバレエ・リュス・ド・モンテカルロの本を読んだ程度でした

左から2人目アレクサンドラ・ダニロワ、アリシア・マルコワ、中央レオニード・マシーン、右隣ミア・スラヴェンスカ。

Ballets Russes Celebration

a Reunion to Honor the Artists of the Ballets Russes
1909-1962

presented by

The New Orleans
International Ballet Conference, Inc.
In association with Ballets Russes Reunion Committee
Conseil International de la Danse/UNESCO, USA

Honorary Co-Chairmen

Kathleen Babineaux Blanco, Lt. Governor of Louisiana
M.J. "Mike" Foster, Jr., Governor, State of Louisiana
Mary L. Landrieu, U.S. Senator
Dame Alicia Markova
Marc H. Morial, Mayor, City of New Orleans
Mr. and Mrs. James Sherwood

and

Alkis Rafkis, President, CID/UNESCO
Milorad Miskovitch, Honorary President, CID/UNESCO

Chairman: Douglas Blair Turnbaugh
Conseiller, Conseil International de la Danse/UNESCO, USA

Ballets Russes Reunion Chairmen
Terry De Mari, Barbara Arms McGinnis

Ballets Russes Committee Members
Yvonne Craig Aldrich, Gwen Barker Harsh, Audrey Ross

Project Director: Olga Guardia de Smoak
"The Ballets Russes in the Americas" Symposium
President, New Orleans International Ballet Conference
Secretary General, CID/UNESCO, USA

バレエ・リュス同窓会の案内、写真は『薔薇の精』を踊るジョージ・ゾリッチ、下はガラ・ディナーのメニュー。バレエ・リュスにちなんだ料理が供された。

から、十分にその機会を生かし切れたとはいえません。バロノワとは薄井憲二さん（舞踊史研究家、日本バレエ協会会長）が既知の間柄であったため、同じテーブルを囲んで食事をするという幸運に恵まれましたが、その際に勉強不足を感じ、後にオーストラリアへ一度話を聞きに行こうと思っているうちに他界の報が届いたのですから…。ですが、それでもあの場に居られたこと、生きているバレエ・リュス・ド・モンテカルロのスターたちに会えたことは本当にすばらしい体験でした。映画でも出てきますが、『ジゼル』の場面が舞台で再現され、彼らが踊る姿を見ていると頭の中で若い姿がふと被る瞬間がありました。また人気者はいつになっても変わらず、おばあさまといわれる世代になった元バレリーナたちが「フレデリック・フランクリンと踊りたかったものよ」と今にも頬を赤らめんばかりにうきうきと話す様子はほほえましく、また当時の空気を味わったかのような錯覚を起こしました。また皆が口々に話した巡業の大変な苦労、

ガラ・ディナーで左から薄井憲二氏、著者、イリーナ・バロノワ。

食糧や泊まる場所のことなどリアルな話が当事者たちの口から聞けたというのは、文章で読むのとは違う感慨がありました。たくさんのスターのなかでも特に私が印象に残ったのは、女性ではミア・スラヴェンスカでしょうか。当時車椅子だったのですが、展覧会場で初めて現れた時のオーラは全盛期と変わらなかったのではないでしょうか。本当に華やかで、きらびやかな女性でした。「握手してください」という思いもかけなかった言葉を自分が発したのは後にも先にもその時だけでした。その手はふんわりとしていながら、力強いものでした。日本から来たこと、バレエ・リュスを研究していて、バレエ・リュス・ド・モンテカルロについても勉強中であることを伝えるのが（周りにたくさんの挨拶したい人、握手したい人が集っていましたから）やっとで、「お若いのに、遠いところから…」というような極めて簡単なやり取りでしたが、忘れられないひと時でした。そしてバロノワも映画同様、まだまだ元気でおきゃんな印象でした。とても元気で頭の回転が早く、くるくると表情を変えながら話す快活な女性でした。それから、男性ではジョージ・ゾリッチ。ロビーで朝一緒になると、大きなハグとキスをしてくるまだまだセクシーな男性という印象でした。その時なぜ写真を撮らなかったのか、悔やまれます。聞きとってメモをして…

ジョージ・ゾリッチの『牧神の午後』（本人のサイン入り）。ダンサー引退後もアメリカで教鞭を執る傍ら、ペルミやジャクソンなど多くのコンクールの審査員を務め、バレエ界に大きな功績を残した。

ということで精一杯だったのです。

ですが、記憶にははっきりとその表情や会話、皆で移動する際のバスのざわめきが記憶されています。

バレエ・リュスのダンサーには生まれるのが遅すぎて会うことができなかったけれど、バレエ・リュス・ド・モンテカルロのダンサーたちは、まだ生きているのだということに改めて感銘を受けた機会でもありました。

それまでバレエ・リュスは1929年で解散したというところで止まっていたのですが、アフター・バレエ・リュスを再認識したのは恥ずかしながら2000年のこの会議でのことだったのです。

ディアギレフ亡き後のバレエ・リュス・ド・モンテカルロでもおおいに活躍したアレクサンドラ・ダニロワ。

ディアギレフ没後のバレエ・リュス・ド・モンテカルロ

1929年 ── 2000年

1929年	・世界恐慌始まる
	◆バレエ・リュス最後の公演
1930年	◆オペラ・リュス・ア・パリ公演、パリとロンドンで行われる
1931年	◆バレエ・リュス・ド・モンテカルロの結成発表される
1932年	◆バレエ・リュス・ド・モンテカルロ初公演
1933年	・ドイツにヒトラー内閣成立
1935年	◆バジル大佐によるバレエ・リュス立ち上げ(〜1952)
1936年	◆ルネ・ブルムによるバレエ・リュス・ド・モンテカルロ立ち上げ(〜1963)
1938年	◆ロンドンで「バレエ戦争」勃発(〜1939)
1939年	・第2次世界大戦(〜1945)
1942年	◆ルネ・ブルム、アウシュヴィッツで死亡
1951年	◆バジル大佐死去
1952年	◆バジル大佐のバレエ・リュス解散
1963年	◆ブルムのバレエ・リュス・ド・モンテカルロ解散
2000年	◆バレエ・リュス・ド・モンテカルロ初の同窓会、ルイジアナで開催

Chapter

8

バレエは続く、
振付家の時代へ

Evolving Ballet : The Era of Choreographers

バレエ・リュスを源流とする
振付家の時代

　バレエ・リュスの活動期間は20年とバレエ史全体の中で見れば、決して長いとは言えないものでしたが、バレエそのもの、バレエ団の在り方を大きく変えた存在でした。

　バレエ・リュスによってバレエは芸術としての地位をゆるぎないものにし、若い芸術家たちの登竜門となりました。バレエは権力や金銭ではなく、芸術的な吸引力によって芸術家たちを惹きつける存在になったのです。

　残念ながら、ディアギレフを超えるインプレサリオ（興行主）は一人も生まれていません。時代も大きく変わりましたし、かつてのような人間関係や資金獲得でカンパニー運営ができる時代でもなくなりました。

　それに代わって現在世界中のダンサーや観客を魅了しているのは、最新の振付作品なのかもしれません。

　バレエ・リュス・ド・モンテカルロはバレエ・リュスが残した作品と衣裳・美術、そして「現在」の芸術家と最先端のバレエを制作し続ける姿勢を継承して活動を続けました。1963年に最後のカンパニーが解散した後もバレエ・リュス的なるものは残り、ゆかりのダンサーたちは各国でバレエの礎を作り、現在のバレエはその延長線上にあります。

ハンブルク・バレエ団『ニジンスキー』の舞台より。振付はカンパニーの芸術監督ジョン・ノイマイヤー。敬愛するバレエ・リュスの天才ダンサーへのオマージュ的作品。ニジンスキー没後50年の2000年初演された。
© Seto Hidemi

ジョン・ノイマイヤー
[1939年〜]

アメリカのダンサー、振付家。ウィスコンシン州ミルウォーキーの地元でダンスを学び、マルケット大学で芸術および文学、演劇の学士号を取得。コペンハーゲンで学んだ後、1962年から1年間英国ロイヤル・バレエ学校に留学、63年シュツットガルト・バレエ団入団。69年、30歳でフランクフルト・バレエ団監督に就任。73年ハンブルク・バレエ団の芸術監督および首席振付家となる。78年ハンブルク・バレエ学校を新設。

振付家の時代と言われる現代。写真はジョン・ノイマイヤー（P168参照）とハンブルク・バレエ団。20世紀後半からバレエの創作に邁進する巨匠で、自身の作品をガラ公演仕立てにした〈ジョン・ノイマイヤーの世界〉では本人が舞台上で語りも務める。

彼らの歩みをざっと見ていくだけでもその影響力の大きさがわかるでしょう。

パリ・オペラ座はバレエ・リュス解散の1929年、ジョルジュ・バランシンに振付を依頼しました。そのままバランシンがパリ・オペラ座芸術監督に就任していたら彼の作風もパリ・オペラ座の歴史もまったく違うものになっていたかもしれない、とパリ・オペラ座バレエ団が踊るバランシン作品を見るたびに思います。そんな歴史も見てみたかった気がします。

しかし、肺炎罹患のためリファールを代理指名し、結果としてリファールは芸術監督として最長期間君臨することになりました。今では当たり前の上演中のシャンデリア消灯、レッスン体制の再編成、「エトワール」の地位創設など、現在のパリ・オペラ座はリファールあっての姿なのです。

誤解がないように付け加えれば、バレエのスターたちを「エトワール（フランス語で星の意味）」と呼ぶのはロマンティック・バレエの時代から一般的なことで、「エトワール」という名の書籍も出版されているほどでした。それが、のちに芸術監督であるリファールによって任命されるバレエ・ダンサーの階級となったのです。リファールは権力構造を強調したドラマティックな演出を好み、シーズン開始にしばしば上演される『デフィレ』を1947年に初演しています。ベルリオーズのオペラより『トロイ人』の音楽に合わせてオペラ座のステージ奥の金で埋め尽くされた豪華な「フォワイエ・ド・ラ・ダンス」か

ジョルジュ・バランシン
［1904〜1983年］
ロシア出身のダンサー、振付家。バレエ・リュスで活躍後、米国に移住した後ジョージと名のる。1933年渡米。34年アメリカン・バレエ学校（SAB）開校。2年後、卒業生からなるアメリカン・バレエを発足させ、46年にバレエ・ソサエティを設立。これが現在のニューヨーク・シティ・バレエ（NYCB）となる。P113参照。

セルジュ・リファール
［1905〜1986年］
キエフ生まれのロシア人ダンサー、振付家、芸術監督。P113参照。

『デフィレ』
シーズン初日のパリ・オペラ座恒例行事。ベルリオーズ『トロイ人』の音楽で行進する現在のデフィレは、リファール振付（初演1947年）。

165

らステージまで長い距離をバレエ学校の生徒からエトワールまでが順に歩くという極めてシンプルな構成ですが、オペラ座らしさ、ダンサーの個性を見ることができるパリ・オペラ座ならではの演目になっています。

　また英国では、1911〜1929年のバレエ・リュス公演と1921年唯一の全幕公演が大きく実を結ぶ形で英国ロイヤル・バレエ団が結成されました。意外に思われるかもしれませんが、英国の国立あるいは王立バレエ団はバレエ・リュス解散後に結成されたのです。

　直接的にはバレエ・リュスのダンサーとしてデビューしたアイルランド生まれのニネット・ド・ヴァロワ、英国人でランベールのバレエ・クラブで活躍したフレデリック・アシュトン、アンソニー・チューダーらによる「カマルゴ協会」が重要な役割を果たしました。アシュトンは『ファッションの悲劇』で振付家デビューした後、『田園の出来事』『シンデレラ』など現在でも大切に踊り続けられている作品を振り付け、英国では Sir の称号を与えられています。

　バレエ・リュスとバレエ・リュス・ド・モンテカルロの両方で活躍した英国人ダンサーで自称「本当のベイビー・バレリーナ」（P149）のアリシア・マルコワとアントン・ドーリンによるマルコワ＝ドーリン・バレエ団の活動と「カマルゴ協会」が合わさるような形で英国ロイヤル・バレエ団が誕生したのです。

　彼らにとって1921年のバレエ・リュスのロンドン公演『眠れる森の美女』は原点ともいうべき作品です。そのため、英国ロイヤル・バレエ団では劇場の改装前の公演では象徴的に「リラの精」が劇場を眠りにつかせ、改装後は眠りから覚ますという演出がなされたり、作品自体がたびたび改訂され大切に上演され続けているのです。

　バレエ・リュスの『眠れる森の美女』は第1次世界大戦が終わって世情も落ち着いてきた頃、ディアギレフのかつてないほどの強い思いから、多くの反対を押し切って上演した作品でした。リハーサルだけのために2カ月劇場を貸し切り、その後アルハンブラ劇場に移動して3カ月を予定した世界初ロングランバレエ公演という壮大なプランでした（P96〜101）。実際には過去最大の負債を抱える形で2カ月で公演は打ち切られ、興行としては大失敗に終わりましたが、新規観客の開拓、バレエの浸透という意味で英国に極めて大きな足跡を残しました。

　いつものバレエ・リュスの観客層に加え、オックスブリッジのエリート学生、回数券のような席で繰り返し観

英国ロイヤル・バレエ団
1926年ニネット・ド・ヴァロワが設立した学校から派生したヴィック・ウェルズ・バレエ団がその前身。サドラーズ・ウェルズ劇場を本拠地としていたが、戦後コヴェントガーデンのロイヤル・オペラ・ハウスに移り、56年王室より「ロイヤル」の称号を許される。

ニネット・ド・ヴァロワ
［1898〜2001年］
アイルランド生まれのイギリス人ダンサー、振付家、教師、バレエ監督。現在の英国ロイヤル・バレエ学校の前身となる学校を開設、英国ロイヤル・バレエの礎を築く。

フレデリック・アシュトン
［1904〜1988年］
エクアドル生まれのイギリス人ダンサー、振付家、バレエ監督。1917年ペルーでパヴロワの公演を見てダンスに開眼。ロンドンで学び、イダのカンパニーにも参加。マリー・ランベールのバレエ・クラブ、カマルゴ協会のため振り付け、35年ヴァロワのカンパニーに参加。アシュトン・スタイルと呼ばれる名作を英国ロイヤル・バレエ団のために数多く振り付けた。

アンソニー・チューダー
［1908〜1987年］
イギリスのダンサー、振付家、教師。バレエ・リュス出身のマリー・ランベールのバレエ・クラブのために振付を始め、名声を獲得。1939年渡米し、アメリカン・バレエ・シアターで振付家、監督補佐として活躍。代表作に『リラの園』『火の柱』などがある。

カマルゴ協会
バレエ作品上演とイギリス人ダンサー育成のため1930年ロンドンで設立された。イギリス人の手による初の『ジゼル』『白鳥の湖』第2幕を上演。会員はイギリス知識エリート層が多かった。

マルコワ＝ドーリン・バレエ
イギリスのダンサー、振付家のアリシア・マルコワ（P119参照）とアントン・ドーリン（P112参照）の2人が組んで1935年に設立したカンパニー、38年までイギリス各地を広域に巡演した。

る観客、無料チケットも発行されました。公演回数が重なるにつれ、ある種の席はゲイの出会いの場となるなど、英国に歴然とある階級も人種も、そして広い範囲の年代にバレエが伝わったのです。だからこそ、日本と歴史の長さではあまり変わらないとは思えないほどバレエを取り巻く環境が整備されるに至ったのです。

そして英国ロイヤル・バレエ団では英国ならではの作品も数多く生まれました。ケネス・マクミラン振付の『ロミオとジュリエット』『アナスタシア』『マノン』『マイヤリング』などは今も上演され続けている作品ですが、彼は『眠れる森の美女』の改訂も手掛けています。

また、米国やオーストラリア、カナダといった「新大陸」のバレエはそのルーツをバレエ・リュス、バレエ・リュス・ド・モンテカルロに持っています。

ニューヨーク・シティ・バレエは今では間違いなく米国を代表するバレエ団の一つですが、1934年にバレエ学校からスタートした若いバレエ団です。バレエ・リュスが解散後、ジョルジュ・バランシンは芸術監督として招かれたバレエ・リュス・ド・モンテカルロでベイビー・バレリーナを生み出しましたが、やがてマシーンにその座を追われるような形で一座を離れます。その後「バレエ1933」としてカンパニー名の通り1年だけ活動した後、リンカーン・カースティンの招きに応じてニューヨークに渡ったのがことの発端でした。以後バランシンは「ジョージ」と米国風の読み方を使うようになります。

バランシンがバレエ団結成の条件にバレエ学校開校を求めたのは、母国ロシアでのバレエ教育の重要性を知っていたからでしょう。米国のバレエ・シーンにとって極めて重要な一歩となったこの事実はもう少し鑑みられてもいいでしょう。

ケネス・マクミラン
［1929〜1992年］

スコットランド生まれ。ダンサー、振付家、バレエ監督。長年、英国ロイヤル・バレエ団の振付家として活躍後、アシュトンに次ぐ3代目芸術監督に就任（1970〜1977年）。その振付作品は英国の演劇的バレエの伝統を確立したと賞讃されている。

ニューヨーク・シティ・バレエ（NYCB）

1948年創立。ジョージ・バランシン創造の拠点となったバレエ団。本拠地はニューヨークのリンカーン・センター。

リンカーン・カースティン
［1907〜1996年］

バレエ監督、作家。バレエへの強い関心から私財を投じてバレエ団とバレエ学校を作ることをバランシンに約束し、実現させた。20世紀アメリカのバレエの発展に寄与したパトロン。

バランシン初期の傑作『セレナーデ』を踊るニューヨーク・シティ・バレエ。日本でも新国立劇場バレエ団、東京バレエ団がレパートリーとしている。
© Seto Hidemi

バランシンはまた「卵形の小さな頭に長い手足を持つ細身のダンサー」というバレエ・ダンサーの美を理想としました。これはボディ・ポジティブが叫ばれる現在でもあまり変わっていません。

そのほか、米国ではアドルフ・ボルムがメトロポリタン歌劇場のバレエ・シーンや映画のバレエ・シーンを手掛けた後、1933年にサンフランシスコ・バレエ団の結成に携わり、芸術監督を務めています。また、バレエ・リュスのデビューから関わり、アンナ・パヴロワのパートナーとして各地で踊ったミハイル・モルドキンは1924年に米国移住した後、米国初の全幕『白鳥の湖』を上演し、そのカンパニーをベースとしてバレエ・シアター（後のアメリカン・バレエ・シアター）を結成します。

オーストラリア・バレエ団はバレエ・リュス・ド・モンテカルロのダンサーたちが作ったバレエ学校をベースに結成されました。後に英国ロイヤル・バレエ団にとって欠かせない人物となったロバート・ヘルプマンもオーストラリア出身です。オーストラリアはまた、宗主国英国のバレエと深い関係を持つことになります。こうした植民地支配とバレエの問題も、これからの研究領域です。

アドルフ・ボルム　P79 参照
ミハイル・モルドキン　P78 参照

アメリカン・バレエ・シアター（ABT）

創立は1939年。モルドキン・バレエ団のダンサー、ルシア・チェイスが私財を投じ、発足。1957年に現在のカンパニー名となる。メトロポリタン歌劇場を中心に国内外を巡演。写真は2014年来日プログラム。

オーストラリア・バレエ団

メルボルンに本拠地を置き、公立ではないものの国立バレエに準じる存在。1962年、ヴァン・プラーグが創立。

ロバート・ヘルプマン　P155 参照

オーストラリア・バレエ団のマーフィー版『くるみ割り人形〜クララの物語』（左）、『白鳥の湖』（下）。
© Seto Hidemi

新しいバレエの誕生

ローラン・プティは
バレエ・リュスと深い
関わりがあった最後の
世代の振付家です。
ディアギレフの元秘書
ボリス・コフノらと
1945年にバレエ・デ・
シャンゼリゼを立ち上
げました。母親が現存
するバレエ・シューズ
メーカー「レペット」
を創業し、その資金が
彼の活動を支えました。

プティらしい洒脱な雰囲気が漂う「パリ・バレエ」プログラム。

ローラン・プティ
[1924〜2011年]

フランスのダンサー、振付家、バレエ監督。パリ・オペラ座バレエ学校を経て、パリ・オペラ座バレエ団に入る。10代の頃から振付を開始する。1944年バレエ団を退団、45年バレエ・デ・シャンゼリゼを結成、『若者と死』など多くの作品を発表。48年パリ・バレエを設立。72年国立マルセイユ・バレエ監督となり、25年間そのポストを務める。写真はプティの創作のミューズでもあった妻ジジ・ジャンメールと。

バレエ・デ・シャンゼリゼにはディアギレフには会え
たものの、参加を認められなかったクリスチャン・ベラー
ル、ディアギレフに「僕を驚かせてごらん！」と言われ
て『パラード』を生み出したジャン・コクトーらも参加
しました。

2011年に死去するまで『カード・ゲーム』や現在でも
しばしば上演される『コッペリア』、初めて写真が舞台
美術として使われた『ル・ランデヴー』等を生み出しま
した。バレエ・リュスとは違うアプローチで振り付けら
れた『若者と死』に代表される新しい時代の重要な振付
家です。1972年からは国立マルセイユ・バレエの芸術
監督として多数の作品を振り付け、国立マルセイユ・バ
レエの名が世界に知られるようになりました。また、カ
ジノ・ド・パリをベースにジジ・ジャンメールのレビュー
を手掛けたり、ミュージカル、映画でも活躍しました。

1960年代になると、ドイツからも次々と新星の振付
家が生まれるようになりました。中心人物はジョン・ク
ランコ。彼はシュツットガルト・バレエ団の芸術監督と
して名作を多数生み出し、振付作品『ロミオとジュリエッ
ト』『じゃじゃ馬ならし』『オネーギン』などは現在でも
上演され続けています。物語バレエを得意とし、その独
特のリフトやステップは複雑ですが、ダンサーやカンパ
ニーの魅力を存分に発揮する特徴あるものです。

シュツットガルト・バレエ団自体は17世紀ヴュルテン
ベルク宮殿から始まる歴史のあるカンパニーで、現在も

ジョン・クランコ
[1927〜1973年]

南アフリカ生まれ。ダンサー、振付家、バレエ監督。1946年ロンドンのサドラーズ・ウェルズ・ロイヤル・バレエ・スクールに入学。ほどなくサドラーズ・ウェルズ・シアター・バレエの一員となり、振付家としてのキャリアを積む。61年からシュツットガルト・バレエ団を率いて黄金時代を築いたが、アメリカ・ツアーの帰途、飛行機の中で心臓麻痺により急死。

シュツットガルト・バレエ団

17世紀の宮廷から続く由緒あるバレエ団。1961年、ジョン・クランコがバレエ監督に就任。彼は数々の名作バレエを発表。マリシア・ハイデ、リチャード・クラガンはじめバレエ団の若い才能も開花させ、「シュツットガルトの奇跡」と世界を驚嘆させた。

世界各国に招かれて公演を続けています。

　クランコのもとからは多数の振付家が生まれ「シュツットガルトの奇跡」とも呼ばれます。2023年に芸術監督を退くことが大きな話題となったジョン・ノイマイヤー、一時はパリ・オペラ座とも深い関係を築いたウィリアム・フォーサイス、ウヴェ・ショルツ、イリ・キリアン、レナート・ツァネラなど名前を並べるだけでも錚々たる顔ぶれです。

　どこのカンパニーも振付家をどう生み出し、育てるのかという問題に直面している現在ですが、その答えは未だになく、誰にでも適用可能な養成メソッドもありません。そんな中でこれだけの振付家を輩出したのです。

　ノイマイヤーは費用面からも簡単に制作できない全幕バレエを多数手掛けています。またバレエ・リュス、中でもニジンスキーのファンを公言している振付家で、バレエ・リュスへのオマージュ作品も多数手掛けていますし、彼のニジンスキー・コレクションは世界最大級です。

　ハンブルク・バレエの元ダンサーだったジャン＝クリストフ・マイヨーも忘れてはいけないでしょう。バレエ・リュスが夏の作品制作の地とし、バレエ・リュス・ド・モンテカルロの旗揚げの地となったモンテカルロで1993年から芸術監督を務め、バレエ・リュスゆかりの作品だけではなく独自の美しく、時に毒を秘めた個性的なスタイルを確立して活躍しています。

　ピナ・バウシュもドイツが生んだ才能ですが、世界初の国際振付コンクール金賞を受賞したクルト・ヨースのもと14歳でデビューし、1968年ヨースが引退した後、芸術監督に就任しています。そのことは、1973年にヴッパタールに創設したヴッパタール舞踊団があまりに強烈で影に隠れているかもしれません。ピナはバレエでもダ

ジョン・ノイマイヤー　P162 参照
ウィリアム・フォーサイス
イリ・キリアン　ともにP170 参照

ウヴェ・ショルツ
[1958～2004年]

ドイツのダンサー、振付家、芸術監督。ジョン・クランコ・バレエ・スクールで学び、シュツットガルト・バレエ団で活躍後、振付家としてキャリアを積む。ライプツィヒ・バレエの芸術監督兼振付家を務めた。

レナート・ツァネラ
[1961年～]

イタリアのダンサー、振付家、芸術監督。1985年シュツットガルト・バレエ団入団、マリシア・ハイデによって93年パーマネント・コレオグラファーに任命される。ウィーン国立バレエ団、ギリシア国立バレエ団、スロヴェニア国立劇場の芸術監督を歴任。

ジャン＝クリストフ・マイヨー
[1960年～]

フランスのダンサー、振付家、バレエ監督。ノイマイヤーのハンブルク・バレエ団に入団。事故でダンサーとしてのキャリアを終え、1983年故郷トゥールのグラン・テアトル・バレエ団芸術監督に就任。1987年モナコのモンテカルロ・バレエ団に『中国の不思議な役人』を振り付け、これを機にスタッフとして参加。93年より芸術監督・振付家としてバレエ団を牽引している。

ピナ・バウシュ
[1940～2009年]

ドイツのダンサー、振付家、舞踊団監督。エッセンにある州立フォルクヴァンク芸術大学舞踊科に学び、1960年NYのジュリアード音楽院の舞踊科に留学、チューダーの影響を受ける。帰国後ヨースの舞踊団に入り、振付を手掛ける。73年ヴッパタール舞踊団の芸術監督に就任。亡くなる直前まで作品を作り続ける。

舞台を埋め尽くす無数の花。ピナの代表作『カーネーション』。

ンスでもない、どちらでもあり演劇的でもある新しい存在「タンツ・テアター」を生み出しました。急死に近い形で他界してしまいましたが、カンパニーはかつての作品上演と新作上演を試みながら存続しています。アーカイヴが早い時期に整備されたのは極めて現代的かつ重要なことで、今後の研究も楽しみです。

　また忘れられない存在としてはモーリス・ベジャールが挙げられます。彼はリファールに触発され、マチルダ・クシェシンスカヤに学んだこともあり、プティと活動を共にしていた時期もありますが、歴史的な継続性よりも新しい創造と思想で作品を生み出しました。父で哲学者のガストン・ベルジェを継ぐ哲学的な筋や世界、そして時にスキャンダラスな表現で世界を驚かせた振付家です。いくつかのカンパニーを創立して活動した後、1960年創立の20世紀バレエ団は世界中にセンセーションを巻き起こしました。ベルギー、王立モネ劇場の芸術監督として活躍した後、1987年からローザンヌに拠点を移し、モーリス・ベジャール・バレエ団と改称。カンパニーは現在も活動を続けています。

　スタジアムやヴェネツィアの街そのものなどを舞台とした大型のページェントに近い傾向の作品は誰も継いでいる人がいません。時代が違うと言ってしまえばそれまでですが、規模の大きなイベントのような制御できない部分も多い振付作品も見たいと思うことがあります。

　また、彼を"世界のベジャール"にしたのはもちろん振付と男性ダンサーの圧倒的な肉体の復権によるものですが、映画『愛と哀しみのボレロ』の力も見逃せません。映画というメディアによって劇場から遠い人々にまで彼の作品と最強のスター、ジョルジュ・ドンの魅力が伝わったのは現代的なことでした。

ベジャール（1987年）
©Jean-Guy Python - with the kind authorization of Maurice Béjart Foundation

モーリス・ベジャール
［1927〜2007年］

フランス人ダンサー、振付家、舞踊団監督。マルセイユ生まれ。地元でバレエを始めた後、パリでルーザンヌ夫人やエゴロワに師事。1954年エトワール・バレエ団を結成し、55年『孤独な男のためのシンフォニー』を発表。振付家として記念すべき1作目となる。哲学者の父親の影響を受け、作風は実験的かつスペクタクル性が強い。59年ベルギーの王立モネ劇場での『春の祭典』が成功し、翌年、20世紀バレエ団を結成。87年に活動の拠点をローザンヌに移し、晩年まで旺盛に創作活動を続けた。親日家で『ザ・カブキ』等、日本をテーマにした作品がある。ベジャール作品は東京バレエ団が『ボレロ』はじめ、多くを上演している。

ベジャールの名声を不動のものにした『ボレロ』。ジョルジュ・ドン主演映像は、映画にも挿入された。シルヴィ・ギエムをはじめカリスマ性の高いダンサーによって今も踊り継がれている。

ベジャールもピナ・バウシュもあまりにも大きな才能、個性的な作品を生み出しているため、本人が亡くなったあとのカンパニー運営は簡単ではなく、今後について明るい見通しだけではありません。

ただ、ピナ・バウシュについてはドイツのゲーテ・インスティチュートが中心となった自国の文化輸出と外貨獲得のための一大プロジェクトになっている側面もあり、簡単に活動が途切れることはなさそうです。ソフトパワーをどう使い収益化できるのかという問題もカンパニーの永続性、広く伝えるためにも重要な要因です。

イリ・キリアンはチェコに生まれ、英国ロイヤル・バレエ学校で学んだ後、シュツットガルト・バレエ団のクランコのもとでダンサー、振付家として活動した後、ネザーランド・ダンス・シアター（NDT）に副芸術監督として加わり、のちに芸術監督に就任。NDTは世界に知られる存在になりました。バレエ・ダンサーの引退年齢を超えた40歳以上のダンサーだけのNDT3を結成し、その肉体ならではの作品振付は時代の一歩先を行く先見性と可能性に満ちた活動でした。しかし2006年に終了し、継承されることがなかったのは残念です。

同世代にはウィリアム・フォーサイスもいます。米国出身のフォーサイスは誰もが手をつけなかったバレエの基本であるパ（Pas）を解体し、ギリギリまで引き延ばしたり、バランスを失う直前の身体に振り付けるといった刺激的な作品は一世を風靡した感があります。

フォーサイスが登場した頃から、バレエとコンテンポラリー・ダンスの境が極めて曖昧になり、世界中のバレエ団が積極的にコンテンポラリー作品をレパートリーに取り入れるようになりました。彼は1984年フランクフルト・バレエ団の芸術監督に就任し、カンパニーが解散する2004年まで多数の作品を上演しています。その後いくつかのカンパニーを運営し、2015年には南カリフォルニア大学ダンス学部の教授に就任しますが、2021年にはその座も辞しています。

また、フォーサイスのもとからは世界の第一線で現在活躍するクリスタル・パイトが羽ばたいています。まだ多いとは言えない女性振付家でパリ・オペラ座等で刺激的な作品を上演しています。

1980年代生まれの振付家としては、スウェーデン出身のアレクサンダー・エクマンは水が張られた舞台を極

イリ・キリアン
［1947年〜］

チェコのダンサー、振付家、バレエ監督。英国ロイヤル・バレエ学校で学ぶ。1968年シュツットガルト・バレエ団に入団し、振付を始める。78〜99年ネザーランド・ダンス・シアター（NDT）芸術監督を務め、作品を多数発表。2009年独立。「彩の国キリアンプロジェクト」の芸術監督として、さいたま芸術劇場で作品を定期的に上演する。

シュツットガルト・バレエ団によるキリアン作品『Forgotten Land』
© Stuttgart Ballet

ウィリアム・フォーサイス
［1949年〜］

アメリカのダンサー、振付家、監督。ジョフリー・バレエ団を経て1973〜1980年シュツットガルト・バレエ団で活躍する。1984〜2004年フランクフルト・バレエ団の芸術監督を務め、その後独立。2005〜15年フォーサイス・カンパニーを主宰する。

フォーサイスの『The Second Detail』より、シュツットガルト・バレエ団プリンシパルのエリサ・バデネスの舞台。
© Carlos Quezada

クリスタル・パイト
［1970年〜］

カナダのダンサー、振付家。バレエ・ブリティッシュ・コロンビア、フォーサイス率いるフランクフルト・バレエ団でダンサーのキャリアを積む。2002年、自身のカンパニーのキッドピボットを結成。NDTやサドラーズ・ウェルズ・バレエの活動に携わる一方、パリ・オペラ座バレエ団、英国ロイヤル・バレエ団から作品を委嘱される。17年『The Season's Canon』はブノワ賞に輝いた。

めて効果的に美しく使った『白鳥の湖』（2014年オスロ初演）で一躍知られるようになりました。

　英国の振付家を見てみましょう。
　クリストファー・ウィールドンは日本では『不思議の国のアリス』の振付家として知られていますが、『シンデレラ』でプロジェクションマッピングを効果的に使って見せたのも印象に残ります。彼の場合、ミュージカルとバレエの両方を振付、演出することができるのも特徴的ですし、後に触れますが、時代は繰り返すのかもしれません。
　同様にミュージカルとバレエの両方をまたぐ存在としてはマシュー・ボーンも忘れるわけにはいきません。マシューの作品は大学生に見せると「歌のないミュージカルだ」と言われます。新しくポップな視線でありながら物語もある作品は、独自の世界観に貫かれています。

　世界のバレエ団が上演する作品全体を見ると、「コンテンポラリー」作品の割合は年々増え続けています。金銭的な負担の問題から観客の嗜好や要望などその背景はいろいろですが、これはバレエ界全体の傾向で、日本は最も古典的な作品上演が多い状況です。
　少し前ですがバレエ団が舞踏の振付家に作品を依頼することもあったほどです。また、ダンサーもベジャールやピナのような圧倒的な存在がいなくなった現在、短いダンサー人生で踊りたい作品を求めて移籍するのも当たり前になってきています。
　そうした中でクラシックもコンテンポラリーも、両方とも踊る身体のためのメソッドが確立していないことは問題で、なかなか解決できそうにありません。また、個人的にはそれぞれのカンパニーの持つ歴史的作品が継承されないことを危惧しています。
　とはいえ、バレエはこれまでもしなやかに時代を生き抜いてきましたし、それが途絶えることを心配してはいません。新しい才能や作品との出会いを期待しながら、世界中、そして日本中にバレエがまだまだ広がり発展していくのを見続けたいと思います。

マシュー・ボーンの『くるみ割り人形』。舞台は映画化されて世界各国で上映された。

アレクサンダー・エクマン
［1984年〜］
スウェーデンのダンサー、振付家。スウェーデン王立バレエ団、NDT（Ⅱ）とクルベリ・バレエで踊った後、2006年から振付家として作品を発表。斬新な演出の『白鳥の湖』（14年）、『真夏の夜の夢』（16年）で注目される。パリ・オペラ座バレエ団初演の『プレイ』（18年）は2時間を超す大作で絶賛された。

クリストファー・ウィールドン
［1973年〜］
イギリスのダンサー、振付家。英国ロイヤル・バレエ団、NYCBでダンサーとして活躍するが、2000年、振付に専念するため引退。NYCB常任振付家となる。07年、自身のカンパニーを設立。12年から英国ロイヤル・バレエ団のアーティスティック・アソシエイト。『不思議の国のアリス』は英国ロイヤル・バレエ団の16年ぶりとなる全幕作品として注目された。ほかに同団のために振り付けた『冬物語』『赤い薔薇ソースの伝説』、オランダ国立バレエ団初演の『シンデレラ』、ミュージカル作品『パリのアメリカ人』などがある。

マシュー・ボーン
［1960年〜］
イギリスのダンサー、振付家、演出家。ラバン・センター（現在のトリニティ・ラバン）でダンスを学んだ後、1987年、アドベンチャーズ・イン・モーション・ピクチャーズ（AMP）を設立。ミュージカルとダンスの境界に位置する作品を生み出し、2002年AMPを発展させた形でニュー・アドベンチャーズを立ち上げる。代表作『白鳥の湖』はバレエ興行史上最長のロングランを記録。ローレンス・オリヴィエ賞、トニー賞をはじめ30以上もの賞に輝いた。『くるみ割り人形』『眠れる森の美女』『ザ・カーマン』『シンデレラ』など古典バレエに新たな命を吹き込み、その多くが映画化されている。

『不思議の国のアリス』（初演・英国ロイヤル・バレエ団）は国際プロジェクトとしてカナダ、スウェーデン、ドイツ、オーストラリア、日本…と7カ国のバレエ団が上演している。
© Seto Hidemi

バレエ・カンパニーと振付家の出会い

1926年 ──── 2016年

1926年	◆英国　ニネット・ド・ヴァロワ、アカデミー・オブ・コレオグラフィック・アーツ設立(31年英国ロイヤル・バレエ団へと発展)
1930年	◆英国　カマルゴ協会結成
1931年	◆フランス　世界初の国際ダンス・振付コンクール、ロルフ・ド・マレにより開催
1934年	◆米国　バランシンの要望によりリンカーン・カースティン、バレエ学校創設(46年バレエ・ソサエティ結成、48年ニューヨーク・シティ・バレエ：NYCBと改称)
1939年	◆モルドキン・バレエを母体としてバレエ・シアター結成(1957年アメリカン・バレエ・シアター：ABTと改称)
1945年	◆フランス　ローラン・プティとその仲間がバレエ・デ・シャンゼリゼ結成(〜1951)
1950年	◆フランス　ローラン・プティ、初のミュージカル『ダイヤモンドを噛む女』初演
1960年	◆ベルギー　モーリス・ベジャール、20世紀バレエ団結成(1987年スイスに移転)
1961年	◆ドイツ　ジョン・クランコ、シュツットガルト・バレエ団芸術監督就任(〜1973)
1962年	◆豪州　オーストラリア・バレエ団設立
1969年	◆ドイツ　ジョン・ノイマイヤー、フランクフルト・バレエ団芸術監督就任(〜1973)
1970年	◆英国　ケネス・マクミラン英国ロイヤル・バレエ団芸術監督就任(〜1977)
1972年	◆フランス　ローラン・プティ、国立マルセイユ・バレエ芸術監督就任(〜1998)
1973年	◆ドイツ　ピナ・バウシュ、ヴッパタール舞踊団創設 ◆ドイツ　ジョン・ノイマイヤー、ハンブルク・バレエ団芸術監督・首席振付家就任
1978年	◆オランダ　イリ・キリアン、ネザーランド・ダンス・シアター(NDT)芸術監督就任(〜1999年)、1999年から常任振付家(〜2009)
1984年	◆ドイツ　ウィリアム・フォーサイス、フランクフルト・バレエ団芸術監督就任(〜2004)
1987年	◆英国　マシュー・ボーン、アドベンチャーズ・イン・モーション・ピクチャーズ(AMP)を設立。(2002年ニュー・アドベンチャーズに再編)
1993年	◆モナコ　ジャン=クリストフ・マイヨー、モンテカルロ・バレエ団芸術監督就任
2001年	◆米国　クリストファー・ウィールドン、NYCBレジデント・コレオグラファー、首席常任アーティスト就任(〜2008)
2011年	◆英国　ウィールドン振付『不思議の国のアリス』を英国ロイヤル・バレエ団が初演
2014年	◆ノルウェー　アレクサンダー・エクマン、『白鳥の湖』をオスロで初演
2016年	◆英国　アクラム・カーン振付『ジゼル』をイングリッシュ・ナショナル・バレエが初演 ◆フランス　クリスタル・パイト振付『The Season's Canon 』をパリ・オペラ座バレエ団が初演(2017年ブノワ賞受賞)

Column

バレエを超えてエンターテイメントの世界へ
《ミュージカルと映画》

トウ・シューズで踊る妖精たちのバレエはオペラ『悪魔のロベール』(1831) の一場面として生まれたのはこれまで見てきた通りです。

「踊って・歌って・語る」ミュージカルの始まりは諸説あり、1866年の『ブラック・クロック』とすることが多いのですが、今の形に近いミュージカルが流行するのは1920年代頃のこと。その時期のミュージカルにはバレエの振付家、ダンサーが多大な貢献をしています。

例えばジョージ・バランシンは振付家としてミュージカル『オン・ユア・トウズ』や『回転木馬』を手掛けています。彼は変わったところでは象のサーカスの振付も行っています。どの程度本当に「振付」したかは別にしても、象に振り付けるバランシンの写真が残っていますし、クレジットもされています。それだけ彼の名前のバリューがあったわけです。

またバランシンと共にニューヨーク・シティ・バレエ団の創世期を担ったジェローム・ロビンズも『王様と私』『ウエスト・サイド・ストーリー』など今でも繰り返し上演されているミュージカルを振り付けています。彼の『ファンシー・フリー』『コンサート』といったバレエ作品にはそれまでにはない親しみやすい雰囲気がありますが、これはミュージカルと無関係ではないでしょう。

バレエとミュージカルの関係は多岐にわたり、振付家がミュージカル映画を振り付けるといったことだけではなく、出演者としても活躍しました。やがて映画出演の役者たちを養成する機関としてのバレエ学校がハリウッド界隈に多数開校されました。そうした学校の多くがバレエ・リュスやバレエ・リュス・ド・モンテカルロ出身のダンサーたちによるものでした。現在その全体像を把握するのは難しいのですが、当時のバレエやミュージカルのプログラムにはそうした学校の広告がしばしば掲載されています。

ハリウッドに開校したニジンスカの学校は規模も大きく有力で（もちろんニジンスキーという有名人の妹という要件もありましたが）、彼女の学校からはバレエ・リュス最後のスターで、現在に至るまで最長期間パリ・オペラ座バレエ団の芸術監督を務めたセル

ジェローム・ロビンズ振付『ウエスト・サイド・ストーリー』。© Seto Hidemi

173

英国ロイヤル・オペラ・ハウス　シネマシーズンで映画館上演されるバレエ作品は、年により4〜6作品。『くるみ割り人形』は同バレエ・スクールの生徒たちも出演するクリスマスの風物詩。

ジュ・リファールら実力あるスターを輩出しています。

　変わり種のエピソードですが、私も幼い頃から何度か見たディズニー映画『ファンタジア』のワニの踊りも実はバレエ・リュス・ド・モンテカルロのダンサー、イヴォンヌ・シュートワが振り付けたものでした。現在でいうところのモーション・キャプチュアをアナログな方法で行ったシーンともいえそうです。

バレエ・ダンサーが映画女優として活躍する例もロシア帝室バレエ団のアンナ・パヴロワ、エカテリーナ・ゲリツェルの頃から時折見られるようになっています。同時代にバレエ・リュスを率いたディアギレフは映像を信用しておらず、映画出演には消極的でした。それを裏付けるようにバレエ・リュス作品で映像が使われたのは、1928年の『オード』のオープニングだけ。また、僅かに残る映像はいずれも個人による撮影で、ダンサーや作品がオフィシャルに撮影されることはあり

ませんでした。とはいえ、バレエ・リュスの時代からバレエは映画と近しい関係にあったのもまた事実です。

　ディアギレフがヴェネツィアで死去したという新聞記事をバランシン、ロポコワ、ドーリンが知ったのは映画『ダーク・レッド・ローゼズ』の撮影現場だったことは象徴的といえるかもしれません。今もこの映像を見るたびに、この映画撮影時にディアギレフは天に召されたのだ……と思い出します。

　バレエ・リュスの活動の影響下に生まれたバレエ・スエドワのロルフ・ド・マレは、本書（P133〜135）でも紹介したように映像に積極的に取り組み、1924年に『本日休演』でルネ・クレール監督による映画をバレエの一部として初めて制作、上映しています。また作品の多くは映像で残されています。

　ディアギレフのバレエ・リュス解散後のバレエ・リュス・ド・モンテカルロ時代にはこのカンパニーを率いた一人、バジル大佐は自らカメラを回すこともあったほど映像に親しんでいたこ

ともあり、バレエ団主演映画3本が公開されました。

バレエ・リュス最後のスターの一人で、ダンサーで振付家のレオニード・マシーンは自作を映像で残すことにも熱心で、自作を撮った映像を見せながら指導する新しい教授法を試みました。現在、バレエ・レッスンをスマートフォンで撮って確認するのは簡単ですが、1930年代には最先端の方法でした。

ヨーロッパ、ソ連を中心に1930年代終わり頃からバレエ映画が盛んに制作・公開されるようになります。安価で見られるバレエとしても人気となり、世界へバレエが伝えられました。映画館で見るバレエとして、現在の「ライブ・ビューイング」へとつながっていきます。現在、日本では本国上演後かなり間があってからの映画上映ですが、欧州では文字通りの「ライブ」。映画館で生放送として上映されています。このライブ・ビューイングが始まってすぐの頃、英国ロイヤル・バレエ団ではコヴェント・ガーデンの広場に特設巨大スクリーンを設置して無料上映していました。私が参加した2006年には、協賛企業による空気を入れて膨らませるクッション（下は石畳なので）、日中用のロゴ入りキャップ、雨天用のビニールのポンチョ、そして大きめの字でわかりやすく印刷されたプログラムが配られました。客層は非常に広く、地面に座って見るカジュアルな雰囲気で飲食も自由なフェスに近い感じでした。英国ロイヤル・オペラ・ハウスの真裏でしたから、カーテンコール時には何と劇場で踊っていたダンサーが広場に登場し、大喝采を浴びました。バレエをより多くの人に届けようという姿勢が顕著になりつつあった頃のことでした。

現在では資金面、広報面、観光客誘致といったさまざまな点からより大規模に有料で世界各国に公開されるようになっています。映画としては安くない価格設定ですが、実際の舞台チケットに比べれば安価で、座席位置に関係なくクリアに見ることができ、幕間にはなかなか見ることのできないバックヤードやダンサー、振付家の解説が聞けるなど、日常的にバレエを見ている人にも興味深いプログラムになっています。

2020年以降のコロナ禍では国内外の多くのバレエ団が動画配信も行っていましたが、これは定着したというよりは一時的な状況だったようです。

振付家で見ると映画とミュージカル、そしてバレエをつなぐ存在としてマシュー・ボーンの重要性はすでに触れた通りです。

また近年ではバレエとミュージカルの両方を手掛けるクリストファー・ウィールドンもいます。彼らの活動を見ると、もしかしたら時代は再び映画とミュージカル、そしてバレエをシームレスにつなぎつつあるのかもしれません。すべての観客がジャンルにこだわらず行き来できるようになることは、どちらにとっても幸せなことではないか、と思います。

芳賀直子 Haga Naoko

舞踊史研究家。バレエ史、なかでも専門はバレエ・リュス、バレエ・スエドワ。明治大学大学院文学研究科演劇学専攻にてバレエ・リュス論文で修士号取得。

1998年のセゾン美術館における『バレエ・リュス展』での仕事を皮切りに、各種媒体への執筆、講演、展覧会監修、近年では漫画や小説への学術協力やダンス・ドラマトゥルクも行う。2005年の立ち上げから2014年まで、薄井憲二バレエ・コレクションのキュレーターを務め、館内外すべての展示と共同事業を手掛ける。

現在もバレエ関係の展覧会の学術協力、カタログ執筆、企画立案・協力、芳賀直子バレエ・コレクション出品等を手掛けている。講演の人気も高い。新国立劇場バレエ研修所、Kバレエ トウキョウ T.T.C.のバレエ史を担当、大正大学客員教授。

展覧会：2009年『パールの夢、バレエの記憶 舞台芸術を彩ったパールの魅力〜伝説のバレエ団バレエ・リュス誕生から100年を迎えて〜』(ミキモトホール)、2013年『ロマンティック・バレエ〜妖精になったバレリーナ』(ニューオータニ美術館)、2022年『パリ・オペラ座〜響き合う芸術の殿堂』(アーティゾン美術館)等。

著書：『ICON 〜伝説のバレエ・ダンサー、ニジンスキー妖критー〜』(講談社)、『バレエ・リュス〜その魅力のすべて』(国書刊行会)等。

著者HP：naokohaga.com

図版・写真：兵庫県立芸術文化センター
薄井憲二バレエ・コレクション(＊印)
ひろしま美術館
芳賀直子バレエ・コレクション
瀬戸秀美
アマナイメージズ
©age foto/amanaimages
©BnF
©bridgeman images/amanaimages
©Mary Evans/amanaimages
©Roger-Viollet/amanaimages
©Science Source/amanaimages
©The Granger Collection/amanaimages
©Topfoto/amanaimages
©zuma press/amanaimages

装丁：鳴島幸夫
本文デザイン：関根千晴、鳴島幸夫
DTP協力：株式会社明昌堂
校正：株式会社円水社
編集：川崎阿久里

●参考文献

『バレエ 誕生から現代までの歴史』薄井憲二/音楽之友社 1999年
『ソヴエト演劇史』ルネ・フューロップ・ミレー(編訳：園池公功、三林亮太郎)/建設社 1932年
『ベル・エポック』W.ハース(翻訳：菊盛英夫)/岩波書店 1985年
『バランシン伝』バーナード・テイパー(翻訳：長野由紀)/新書館 1993年
『マリウス・プティパ自伝』マリウス・プティパ(翻訳：石井洋二郎)/新書館 1993年
『ビジュアル版 世界の名門バレエ団』渡辺真弓/世界文化社 2018年
『名作バレエ70鑑賞入門』渡辺真弓/世界文化社 2020年
《The Oxford Dictionary of Dance》Debra Craine,Judith Mackrell/Oxford University Press 2000
《Dizonario Gremese Della Danza e del Balletto》Horst Koegler/Gremese Editore 1998
《Larousse Dictionnaire de la Danse》Philippe Le Moal/Larousse 1999
《The Dancer's Heritage : A Short History of Ballet》Ivor Guest/Adam and Charles Black 1960
《Diaghilev》Richard Buckle/Atheneum 1979
《Nijinsky》Richard Buckle/ Simon and Schuster 1971
《The One and Only: The Ballet Russe de Monte Carlo》Jack Anderson/Dance Books LTD.1981
《De Basil's Ballets Russes》Kathrine Sorley Walker/Hutchinson 1982
《Les Visages de Danse》André Levinson/ Éditions Bernard Grasset 1933

※本書は2014年小社刊『ビジュアル版バレエ・ヒストリー』の改訂新版として編集したものです。P120〜121、P141〜144、P173〜175のコラムと第8章は新規原稿。また一部画像の変更も加えました。

ビジュアル最新版 バレエ・ヒストリー バレエ史入門〜バレエ誕生からバレエ・リュスまで〜

発行日：2023年12月30日 初版第1刷発行

著 者：芳賀直子
発行者：竹間 勉
発 行：株式会社世界文化ブックス
発行・発売：株式会社世界文化社
〒102-8195 東京都千代田区九段北4-2-29
編集部 電話03(3262)5129
販売部 電話03(3262)5115
印 刷：TOPPAN株式会社
製 本：株式会社大観社